从副业
到自由职业

赵立心——著

电子工业出版社
Publishing House of Electronics Industry
北京·BEIJING

未经许可，不得以任何方式复制或抄袭本书之部分或全部内容。
版权所有，侵权必究。

图书在版编目（CIP）数据

从副业到自由职业 / 赵立心著. -- 北京：电子工业出版社，2025.6. -- ISBN 978-7-121-50143-2

Ⅰ．C913.2-49

中国国家版本馆 CIP 数据核字第 20254W4P76 号

责任编辑：王小聪
印　　刷：三河市鑫金马印装有限公司
装　　订：三河市鑫金马印装有限公司
出版发行：电子工业出版社
　　　　　北京市海淀区万寿路 173 信箱　　邮编：100036
开　　本：880×1230　1/32　印张：7.875　字数：143 千字
版　　次：2025 年 6 月第 1 版
印　　次：2025 年 10 月第 5 次印刷
定　　价：59.80 元

凡所购买电子工业出版社图书有缺损问题，请向购买书店调换。若书店售缺，请与本社发行部联系，联系及邮购电话：（010）88254888，88258888。

质量投诉请发邮件至 zlts@phei.com.cn，盗版侵权举报请发邮件至 dbqq@phei.com.cn。

本书咨询联系方式：（010）68161512，meidipub@phei.com.cn。

前言

从事自由职业赚到了 100 万元，我找到了自己的未来

几年前，我厌倦了职场生活，辞职后开始从事自由职业。到现在，我已经从事自由职业几年了，有了成熟的业务，也帮助很多人实现了职业自由。回头去看，一切都好像是一场梦，这几年的生活和工作给我带来的变化太多了。

几年前，我眼中的世界一片黑暗。职场中的升职加薪没有盼头，觉得每天很累却又没有成就感，不知道自己的未来何去何从。而如今，我不仅拥有了近万名付费用户，还经常有被我帮助的人发来私信，告诉我他们的近况。当我看到自己还能帮助这么多人时，一切都充满了希望。

几年前，我是一个觉得自己身无长物、总是羡慕别人、汇报工作时被别人认为不自信的人。而如今，我是一个能在几百人大会上演讲、感觉自己闪闪发光、到每个城市都有朋友的

人。我也不再惧怕他人的眼光，因为我对自己有清晰的认知，也有充足的底气。

或许，现在的你和当时的我有着一样的迷茫和焦虑。不过不要紧，我自己走过的路，我带着诸多学员走过的路，我都写在了这本书中，相信它一定会对你有所帮助。在前言里，我先简单给大家介绍一下，我自己从事自由职业以来的发展阶段，以及每个阶段一些重要的节点，让大家对于自由职业，有个初步的了解。

1. 从干副业起步，到从事自由职业，我是如何实现人生跨越的？

从 2021 年初我萌生了想要从事自由职业的念头，到 2021 年 4 月我第一次实现将副业变现，再到 2021 年底我辞职去从事自由职业，前后经历了近一年的时间。我身边有很多人也想从事自由职业，到了 2022 年，一年过去了，我从事自由职业赚的钱已经和原来的收入持平了，而他们还在想，没有任何行动。两年过去了，我现在的收入已经超过原来的收入几倍了，他们仍然还在想。

为什么我能够这么快从事自由职业呢？有哪些关键点？在我看来，最重要的是两点。

第一，对自己有清晰的判断。当时，我十分确信一件事情：职场满足不了我的核心需求，只有从事自由职业才能满足我的核心需求。所以，我全力投入自由职业，而并未像很多人那样一直纠结犹豫，让时间一点一点流逝。

一开始，我只是感受到自己的工作状态很不好，对工作没有兴趣，每天上班什么都不想干，甚至对生活都失去了希望。但那时我并不知道是哪里出了问题。我尝试着出去玩，调整状态，也尝试了换岗、换工作，但效果都不好，很快我又回到了当初的状态。

在那个阶段，我大量尝试了很多新东西，如参加社群活动、学习在线课程，向外去探索世界、向内去探索自己。我慢慢感知到，当我在职场之外做一些分享活动的时候，哪怕不怎么赚钱，我也很开心，充满了活力。而一回到单位上班，就全然变成了另一种状态。我清晰地知道，做点自己想做的事情，是我更喜欢的工作方式。

同时，经过认真评估，我确定目前的职场环境给不了我想要的发展与空间。如果我是一个想要安稳度日的人，或许一份安稳的工作就能满足我。但如果我还想做点什么，不管是自己喜欢的，还是有意义的事情，目前的职场都无法满足我。而我十分确定，我想要后者，而不是前者。

所以，我没有给自己退路，而是全力投入我的自由职业。

如果你觉得自己虽然一直想要做副业，但是没有时间，或者虽然有一点点尝试，但是很容易放弃，大概率，你是没有真的想清楚这个问题：你到底要走哪条路？当你发现自己只有一条路可以走的时候，你就不会在中间摇摆了。

至于我对于职场的思考与判断，以及如何找到自己的优势和定位，我会在本书的后续章节中详细给大家讲解。

第二，对路径有清晰的认知。当我想要开始从事自由职业时，我第一步应该做什么？我应该做什么产品？我如何把产品卖出去？如果卖不出去，我应该怎么办？一般的职场人对这些问题是毫无概念的。往哪里走？该怎么做？两眼一抹黑。

在我从事自由职业的过程中，我会不断向人学习，与人交流，去看各种学习资料，慢慢建立自己对于自由职业的感知。这就像你想要玩一个游戏，一定要先去看看游戏规则，看懂了，才能玩。你对规则了解得越透彻，玩得就越好。

在本书的后续章节中，我会把我自己在从事自由职业途中，以及带学员、看到的别人从事自由职业的过程中遇到的各种问题，浓缩成精华，讲给大家。根据第 2 章的金字塔模型，你能很快了解到从事自由职业需要哪些储备，每一步的重点是什么，书中还有大量的案例供你学习。这样能帮你快速了解自由职业的要求，以便你更好地从事自由职业。

2. 在从事副业或自由职业的不同阶段，打开本书的 6 种方式

相比于市面上大多数关于副业、自由职业的参考资料，本书更加系统，也更加贴合新时代职场人发展自我精神价值的需求。作为一个自由职业教练，我拥有近万名自由职业付费用户，也深度陪跑了很多学员，学员中有人做到了拥有全网粉丝30万名，有人和企业端合作签下了不少大单，有人成了畅销书作者，也有人每个月变现几万元，到处旅游，逍遥自在。

在本书中，我将从副业到自由职业之路划分为五个阶段，包括从毫无副业经验的小白到自由职业的终极形态，你能在本书中看到每一个阶段的关键点、操作细节以及案例。

在第 1 章中，我会拆解普通人的职场困境和发展路径，让你知道为什么自己在职场中总是遇到各种各样的问题，以及如何破局。

在第 2 章中，我会讲解自由职业的金字塔模型，让你整体了解从事自由职业都需要准备什么，以及从事自由职业所需的认知、思维、能力等细节。

在第 3~6 章中，我会围绕自由职业的金字塔模型进行逐步展开：在 0~1 阶段，如何设计你的商业模式，确定项目和定位，通过对 4 种变现方式的拆解以及案例分析，手把手教你

如何做好商业设计。在 1~10 阶段，如何优化你的商业模式，做好产品、流量、转化这三个重要板块，通过对变现方式、案例及误区的讲解，全面透视商业的各个环节。最后，教你如何打造个人品牌，构建竞争力，走出差异化的自由职业之路，如何通过自由职业实现自己的终极目标。

针对以下 6 种典型的场景，你可以采取不同的方式使用本书。

场景 1：如果你觉得自己的职业发展遇到了瓶颈，虽然向往自由职业，但不确定是不是要做，你可以按照本书的脉络，详细了解自由职业，做出判断。建议你先通读全书，了解从事自由职业所需的特质和发展路径，判断是否适合自己。而后，重新学习第 1 章，仔细思考自己的发展道路。同时，学习第 2 章的内容，它可以帮助你提前准备好从事自由职业所需的知识与能力，等你哪天想要开始的时候，可以轻松切换。

场景 2：如果你现在是一个想要开始做副业，但是毫无基础的小白，你可以先学习第 1 章，坚定自己的决心。而后，依次学习第 2~6 章，了解自由职业的全貌和方法论。非常建议你在此之后，重复学习第 3 章，并跟着里面的流程开始操作，分析自己的优势和定位，选择一个方向，开始做起来。当遇到问题时，再重复学习第 4~6 章的相应内容。

场景 3：如果你现在正在探索副业，且有很多个方向，但是你不知道该如何选择，无法迈出第一步，那么你可以详细阅读第 3 章的内容，第 3.1 节关于选项目的原则、第 3.2 节对优势与定位的确认、第 3.4 节对商业模式的分析以及第 3.5 节对 3 个案例的拆解，都会让你对自己和市场有更深入的了解，帮助你发展适合自己的项目。

场景 4：如果你已经有了确定的方向，但是变现能力还不行，转化率低，或是没有流量，那么你可以详细阅读第 4 章关于产品、流量、转化的细节，其中提供了多种操作方式和案例，一定会对你非常有帮助。

场景 5：如果你觉得自己已经取得过不错的业绩，但是自己做的产品和市面上很多人做的产品都差不多，找不到自己的差异化优势，那么本书的第 5 章将会对你大有帮助。通过找到自己的优势飞轮、建立个人品牌，你会发现，差异化优势或许并不是你想象的那样，每个人都可以找到适合自己的道路。

场景 6：如果你已经有了很成熟的商业模式，但是觉得自己做得很累，希望能够解放自己，过得更加舒服，那么你一定要好好学习第 6 章，找回自己的初衷，改变一些操作方式，让自己的自由职业做得轻松些。而后，你也可以再次学习第 2～5 章，进一步查缺补漏，让你的商业变现更加顺利。

这几年，我总结出来的方法论，包括从定位、商业模式，到心态、时间管理，再到产品、流量、转化各方面的基础知识，都在这本书中。无论你处在自由职业的哪个阶段，都请好好学习本书，它一定会让你在自由职业之路上有所收获。

目录

第 1 章
普通职场人的出路在哪里？

1.1 职场环境的剧烈变化 _002

1.2 未来 10 年，适合普通人的 3 种发展路径 _014

1.3 在新时代，普通人必须具备的 3 种生存技能 _021

1.4 自由职业是适合普通职场人的一条出路 _026

第 2 章
想成为一名自由职业者，需要做哪些准备？

2.1 通往自由职业之路的金字塔模型 _030

2.2 认知：到底是自由职业，还是自主失业？ _032

2.3　路径：从事自由职业的 5 个阶段和 5 个关键点 _034

2.4　误区：从事自由职业一定要避开的 4 个大坑 _040

2.5　思维：自由职业的游戏规则 _043

2.6　能力：自由职业必备的基础技能 _048

2.7　百宝箱：辞职转型工具大全 _056

第 3 章
自由职业 0 ~ 1 阶段，如何高效打造商业模式？

3.1　选择大于努力：如何选择一个好的项目 _066

3.2　定位决定生死：我究竟该做什么？ _075

3.3　商业变现万花筒：拿什么来赚钱？ _081

3.4　打造你的商业模式 _102

3.5　深度拆解案例：手把手教你打造商业模式 _109

第 4 章
自由职业 1~10 阶段，如何实现稳定可持续发展？

4.1 如何搭建稳定的收入体系 _116

4.2 如何获取潜在用户，不断补充新鲜血液 _121

4.3 如何做一个低成本高收益的产品矩阵？_136

4.4 如何解放时间，高效赚取被动收入？_162

第 5 章
打造个人品牌与竞争力，实现自由职业的 10 倍速成长

5.1 杠杆法则：打造自己的优势飞轮 _178

5.2 二八法则：专注打造自己的爆款产品 _182

5.3 品牌法则：有多少人认识和信任你，你的商业价值就有多大 _186

5.4　心态：拥有好的心态，你就成功了一半 _194

5.5　时间管理：时间自由的人，更难管理时间 _208

第 6 章
自由职业的终极目标是实现幸福美满的自由人生

6.1　财务自由：构建可以自行运转的商业模式 _220

6.2　内心富足：你的金钱观，投射了你的内心 _226

6.3　人际关系：做自由职业，并不是要与世隔绝 _228

6.4　身体健康：人拼到最后，拼的是健康 _232

6.5　价值实现：持续做事情，就是最大的意义 _234

第1章 普通职场人的出路在哪里？

或许你会有一种很直观的感受，现在的职场没有以前好混了。这也是很多人想做副业和从事自由职业的原因。那么，这些变化到底是由什么引起的？面对这样的新常态，普通人又该有哪些应对方式？在这一章，我们来整体看一看职场人的出路到底在哪里。

1.1 职场环境的剧烈变化

和前些年相比,现在的职场环境有了非常大的变化。

互联网飞速发展的那几年,身边有很多可见的"神话"。比如,某人 5 年在互联网大厂当上高管,公司上市即实现财富自由。但现在,经济增速趋于平缓,市场趋于饱和,以前的"神话"如今很难再听到了。与之相对应的是更多的内卷故事。做同样多的事情,却得不到和以前一样的结果。

于是,现在很多人纷纷想要开辟事业的第二曲线——搞副业或未来向自由职业转型,但往往难以实现。这一节,我们先从整体的职场情况来分析一下,职场环境究竟有哪些变化,为什么今天的职场人会遇到这么多的问题和困境。

1.1.1 职业发展道路：从螺旋式上升到循环式打转

以前的职业发展道路，是螺旋式上升的：熟悉业务—得心应手—出现新业务机会—继续熟悉业务……每过一段时间，会有新的挑战出现，但也没有那么容易遇到发展瓶颈。

但现在的职场，尤其是前些年热门的那些行业，职场人的发展道路几乎都进入了循环式打转：熟悉业务—得心应手—迷茫—跳槽—熟悉业务……循环往复。职场人只能靠跳槽或换岗位，来纾解迷茫。我自己在职场的那几年，就一直处于这种状态：熟悉业务—得心应手—迷茫—更换业务。

1. 熟悉业务

刚进入职场的时候，我感到很痛苦，但回头看，这是我成长得最快，也最有干劲的阶段。大量新的、未知的事物扑面而来。所有的事情我都不了解，不懂的东西特别多。

这时候，做每件事都让我感觉很兴奋，因为我学到了很多东西。甚至连了解业务内容、了解工作流程和认识同事的过程，都让我觉得很有成就感。

2. 得心应手

很快，我把业务内容了解得差不多了，大部分时候都能有条不紊地应对，做得越来越好，效率也越来越高。这时，我有一种很强烈的感受，觉得自己比之前进步了。

随着问题的解决，我的能力得到了提升，我也有了更大的成就感，对业务的满意度也达到了顶峰。再往后，我以为我会迎来辉煌时刻，在工作上大展宏图。结果却是，我一下子掉入了迷茫的深渊。

3. 迷茫

当我充分熟悉业务之后，工作上出现的挑战变得越来越少，大部分工作内容都是我已经掌握的，我对工作不再有新鲜感和成就感。即使做再多类似的事情，也无法给我带来能力上的提升。

我每天需要管的杂事越来越多，有越来越多各种各样的人找我帮忙，我要独立应对各种问题，妥善处理和其他部门的关系。我对工作的满意度和自我价值感都在逐渐下降，焦虑和自我怀疑日渐加深。

这个时候，我开始带新人。我发现，新来的人都很厉害，我现在做的事好像他们也能做，我甚至觉得他们更有竞争力、更好用。我开始疑惑，自己到底有什么核心竞争力和独特的价值？

而且，到了这个阶段，我的晋升通道、发展前景、薪资待遇都遇到了瓶颈。甚至，我还担心自己不如新人的性价比高，哪天会被裁掉。

4. 更换业务

当第一次遇到这种情况的时候,我并没有意识到,这是环境造成的。我觉得可能是自己工作时间久了,有点累和懈怠。于是,我请了个假,出去玩了一圈,祖国的秀丽风光治愈了我。而后,我在公司内部换了岗位。

我发现,我的情况有所好转,我又有了动力和干劲。但好景不长,没过多久,在我熟悉业务后,我又回到了那种颓废迷茫的状态。我仿佛进入了某种不可名状的循环。

后来我慢慢明白了,如果还有新的业务增长点,我就可以不断回到第一个阶段——熟悉(新)业务,持续深耕下去。但现在增长点没有了,我就只能靠着跳槽、转岗产生短暂的新鲜感——毕竟,总有我不知道的新东西需要学习。

我感觉这只是一个新的轮回的开始,是广度的拓宽,而不是深度的延伸,它不会给我带来真正的能力提升。市场的日渐饱和,让这个周期存在的时间越来越短。间歇性新鲜,持续性迷茫,成了我和大多数职场人的常态。

1.1.2 曾经抢手的大公司竟成了职业发展的障碍

与小公司相比,规模较大、存在时间较长的公司,通常是大部分求职者的首选。以前，大公司确实是一个好的选择。更成熟的机制、更完善的流程、更高的人才密度、更开阔的视野、更系统的工作方法，还有头衔和光环，都让人十分向往。但现在，光鲜亮丽的背后，却是职业发展道路被限制。

1. 个人成长和发展不再被重视

以前，大公司都忙着开疆拓土，向外发展。但现在，外部增长乏力，公司开始关注内部优化。效率、成本，以及越来越标准化的机制和流程，更加受关注。这种状态下，公司需要的是高效的"螺丝钉"，而不是有个性的"人"。

现在，你在这样的公司上班，就像流水线工人，按部就班重复操作就好了。你没有什么自主决策的空间，你的大部分想法，甚至是想要学习成长、自我提升的愿望，都会被视为没有意义、影响公司发展。

而且，对发展到一定阶段的公司而言，员工数量已经太多了。各级管理者都没有精力去关注员工的个性化发展。在这种环境中，你很难真的成长，只能成为一个熟练的工具人。

2. 难以做出成绩，提升个人价值

以前在大公司，资源堆积下，你很容易做出很好的成绩。但现在在大公司，你更容易浪费时间做无用功。

你不仅要协调资源，还要走审批流程、催进度、做汇报、

看数据。你费力干一年，做了无数件事，才能给公司带来一点点收益。而外界的一点风吹草动，都可以让你的所有努力化为泡影。

如果在小公司，你能真实收到用户的感谢和反馈，心里还会舒服一点。它既是成绩和价值，也能让你对业务有更深入的了解。但在大公司，你对于用户的感知，仅仅来自一堆数字。比如，日活上涨后，到底创造了什么价值？你很难感知到，也很难体现你的价值。

你在想：我每天这么忙，到底干了些什么？我的价值又是什么？

3. 职业发展道路越来越狭窄，缺乏竞争力

以前，在迅速发展阶段，公司大肆扩张，需要人手。公司对于人才的渴求度很高，也有很多公司愿意去培养基础好但没经验的员工。

但现在，市场饱和，公司对于增长的预期也下降了。它越来越愿意选择稳妥的方式，招聘有经验的熟练工。比如，一个公司招聘社交产品经理，它只想招聘原来就是做社交产品的人，如果你之前做的是游戏产品，不好意思，它不要。

工作这几年，你很可能一直在某个非常狭小的领域打转，业务的迁移性非常差，选择其他工作岗位的空间也很小。而且

随着时间的流逝，你增长的往往也只是具体业务的工作经验，并没有积累什么有门槛的能力。

在大公司，你能做出动辄几千万元的业绩，但你很清楚地知道，这个结果更多的是平台带来的，在这个位置上谁都能做出来，你只不过是对平台规则和操作方式更有经验罢了。如果你换个地方做，大概率做不出这样的成绩。虽然可以把自己的简历包装得很耀眼，但你自己心里知道是怎么回事，心里越来越虚，你甚至觉得自己除了会做这点事，什么都做不了。

1.1.3　日益增加的职场精神压力和情绪内耗

老一辈人总说，我们这代人赶上了好时代，物质条件太好了。这话不错。我算过一笔账：现在对于大部分职场人，尤其是一二线城市的白领来说，一般不会落到那种吃不上饭、会饿死的境地。因为社会在进步。但与此同时，现在的职场人所面临的精神压力，却远比以前大得多。

1. 随时随地有工作，却没有成就感

"那个数据是什么口径？为什么要……"半夜12点，刚刚入睡的小明被同事的电话吵醒。为了搞清楚一个在他看来不知道到底有什么用的细节，他被同事不分时间和场合地反复追问。

类似的事情，在你上班的时候，可能会不断发生。下班后，无论是平时的夜里还是节假日，甚至是大年三十的晚上，你都能随时随地接到工作电话。即使你请了假，你告诉对方，这几天我在外地不方便或是我病了，你还是不得不处理问题。

以前朝九晚五，大家下班之后还有时间做点自己的事。现在，工作和生活早已没有了边界。你没有那么多休息的时间，只能不停地疲于奔命。而且，你还没有什么有效的产出，忙来忙去，都是在别人的要求下做着感受不到价值的事情。比如，查一个数据，给老板做汇报 PPT，应对同事提出的各种问题，等等。

你想安心做点事很难，想有点能留给自己的时间更难。每天工作完，你都感觉很累，但内心却并不满足。没有太多成就感的工作不仅不能给你带来能量，反而会一直消耗你的能量。

那时，你就想刷刷手机，看看短视频，甚至什么都不干，就是发会呆。不想睡觉，不是因为太累了，而是你觉得自己这一天的产出和收获并不足够：既没有成长和创造价值，也没有好好享受生活；既没有真正的娱乐，更没有心思去社交和思考。

2. 总会被动陷入攀比和焦虑中

以前你顶多羡慕一下那个别人家的孩子。现在，你一打开互联网，铺天盖地的都是无比优秀的同龄人。你会觉得，好像全世界只有自己是一个废物。

每次写周报、月报、年终总结的时候，你都会心里发慌：自己好像也没干出多少事来。我是不是又虚度了光阴、落在别人后面了？感觉自己的大部分精力并没有真正用在产出上，而是用在了情绪内耗上。

每天你都看似工作了很久、加班到很晚，周末和业余时间你还在学习、活动。这些到底有没有用？你有收获和成长吗？你也不知道。只是身边人都好卷，别人都在这么做，你害怕被落下。你被痛苦和焦虑驱使，盲目努力。因为盲目，所以效果并不明显。更多时间投入学习给你带来了更大的疲惫感，而没有效果又给你带来了更多的无力感和更大的焦虑感。

3. 看不到前景和未来

以前你觉得努力考个好大学，去个好公司，然后一路升职加薪就好了。现在，你发现并没有那么简单，你以前认为的发展路径现在走不通了，但又不知道新的路径在哪里。

如果说熬5年，一切就能变好，那么或许现在苦一点你还能坚持。但你再看你的领导，甚至是领导的领导，他们的生活就真的很自在吗？他们真的从内心十分认可自己的工作吗？如果努力拼搏多年，获得的那个结果，仍不能让你满意，那么你做这些又是为了什么呢？

一个很残酷的事实是：换岗位、换公司都无法解决你的问题。不妨想想，在你的朋友或同事中有哪个职场人的状态，是你很向往的？除了这样日复一日地工作，你还能怎样呢？你也不知道自己到底该往哪个方向走。

因为这些种种原因，精力不济、颓废、自我怀疑成了这一代职场人的常态。

"80后"那一代，职场危机普遍出现在35岁。而"90后""00后"通常只工作了几年，甚至刚刚工作，就会遇到职场天花板，他们不得不在焦虑和迷茫中煎熬着。

1.1.4 拥有抗风险能力成为最大的稳定因素

现在的职场人有一个很大的问题——抗风险能力很弱。尤其当职场环境发生剧烈变化的时候，风险出现的概率会大大增加。这时候，最大的稳定因素就是拥有抗风险能力。而一个非常抗风险的选择，就是从事自由职业。它的本质是分散风险。

1. 更多的"甲方"

上班的时候，只有一个公司给你发工资，你不能同时做几个全职工作。一旦这个公司不行了，或者辞退你了，你就没有收入了。据普华永道2011年发布的一份调研报告，中国中小企业的平均寿命仅为2.5年，集团企业的平均寿命仅为7~8

年。可见，上班的风险不可谓不大。

而从事自由职业，你就可以同时找一堆"甲方"客户。一个客户对你不满意，或者一个客户的财务状况不好，你还有很多其他选项，不会有断崖式的收入锐减。

2. 更多的方向

在职场上，你的时间都用在了一条非常狭窄的路上，对其他领域的了解非常少，换工作的局限性也很大。而从事自由职业，你就可以同时做很多个方向，而且各个方向之间也可以自由切换。

比如，我刚开始从事自由职业的时候，做的是阅读领域。后来，我做过精力管理、小红书运营、IP打造，今天我专注于职场人士转型和自由职业陪跑。即使在中间阶段，我的方向也没有偏过，甚至很多时候都是同时在做。我在展示自我的过程中，通常会有很多标签——我既可以展示读书过程，也可以展示我的IP，完全不冲突。

而当我想要切换领域的时候，也很容易。以前对我感兴趣的、对我信任的用户，还会继续跟着我。毕竟，他们的信任在我这个人身上，不像换工作，只能靠一纸简历。找工作时，如果你不能充分用头衔和履历证明自己，就很难有人愿意给你机会。

3. 更多的选择

在职场上，你通常是那个被领导安排工作的人。对于做什么业务、发展什么方向，你并没有多少选择的空间。但做自由职业不同，你可以独立产出，和市场自由交换。你还有一堆了解你能力的人，他们愿意和你交换价值。即使你今天没有赚到钱，或者你只有少数一两个客户，你的选择权也大大增加了。因为你赚钱的底层逻辑完全变了。

这几年，我见过很多离开职场自己创业最后又回去上班的案例。有的人做自由职业后发现自己不行，但也有很多人做自由职业成功了。我的一个好朋友，原来在某公司做招聘工作。通过从事自由职业，做自媒体和个人品牌，她成功转型了，也给自己的履历镀了金，而后她再去找工作，很轻松就找到了原来自己想做但对方不要她的岗位。我的一个学员，原本是一个普普通通的小职员，通过搞副业，做个人IP，生意做得风生水起，还出了名。后来，他利用自己的资源和人脉，一转身直接成了一个大公司的高管。

很多人担心搞副业会影响本职工作，其实大可不必。只要你真的能把副业做出来，那么你的职场选择权非但不会减少，还会增加，并且会不断突破自己的天花板。

1.2　未来10年，适合普通人的3种发展路径

职场环境剧烈变化，很多以前被看好的路径都已失效。那么，普通人究竟该怎么办呢？有哪些靠谱的方向？在我给学员做孵化，以及和很多同行沟通的过程中，我发现有3种比较适合普通人且整体来说还不错的发展路径。

1.2.1　需求降级：回老家发展和考公务员

大城市的压力，一半来自生活节奏快、竞争压力大，一半来自物价贵。如果我们不追求高薪资、大发展，而是选择进入一个更加稳定的环境，就能有效解决这个问题。

1. 回老家发展

回老家，你不用交房租，也没有那么大的竞争压力，一下子整个人的精神状态就会放松下来。

比如，我的两个学员小鱼和汤圆，都选择结束北漂，回老家发展。她们在北京工作的时候，虽然工资水平高一点，但是整个人的状态非常差，经常熬夜加班，精神内耗也很严重。回老家之后，她们一下子就有了自己的生活，人也松弛了下来，整个人的状态焕然一新。

如今，这种选择越来越流行。以前，因为一线城市工资水

平高，去一线城市工作可以让自己成长得更快，因此大家都愿意去那里打拼。但是现在，去一线城市工作的性价比在下降，体验感变差，也很容易遇到职业天花板。回老家发展，工资可能会稍微少一点，但是一周少工作十几小时，生活质量和幸福感得到了大幅提升。

相对来说，如果你能在老家找到一个薪资还不错的公司和行业，沉淀下来，其实往往能够发展得更好。

2. 考公务员

公务员最大的好处是工作稳定，不容易失业。整体工作节奏比较慢，还有各种福利政策的保障，相对来说工作压力也没有那么大。

比如，我的助理小满，就是从互联网大厂辞职考上公务员的。对于毕业第一年就经历了裁员的她，实在受够了这种不安定的生活。于是，她参加了公务员考试，并选择了一个边缘岗位，每天可以有很多属于自己的时间。以前，她总是加班到很晚。现在，她晚上可以约朋友一起吃饭、娱乐，她也快乐了很多。

回老家发展和考公务员，通常都会让你的生活更加快乐。但这两个选择也会导致同一个问题：时间久了，你会有点焦虑和空虚。尤其那些在一线城市高强度工作过的职场人，刚开始放松下来的时候，他们会觉得很舒服。可新鲜劲儿过了，他们还是会觉得有点无聊，也有点担心自己落后于同龄人。这种情况下，就可以考虑做一个副业了，这样他们会觉得非常舒服。在第 1.2.4 节，我会详细讲解如何做这样的搭配。

1.2.2 把握时代脉搏：进入科技行业

很多时候，大家遇到的各类问题都是行业发展速度太快导致的。行业发展速度快的时候，大家都能得到好处，即使有些问题，也不会有太大影响。一旦行业发展速度明显下降或不发展了，所有问题都会暴露出来，相关从业者就会很痛苦。

如今，上一拨发展很好的行业已经趋于饱和，但还有一些新的机会。这时，我们就一定要抬头看天，顺应国策，去找国家大力支持的方向。未来，我国肯定坚持走科技强国路线，芯片、半导体、新能源、人工智能等这些都是肉眼可见的、未来前景很好的行业。

很多人会觉得，这种行业离我们普通人太远了。尤其很多非理工科出身的职场人，光听到这些词可能就头疼。但是，每个行业都需要各种各样的工种，并非只需要技术人员。比如，以前你在互联网行业做人力资源、财务管理、产品经理，现在，你可不可以去这些行业做呢？

即使你还是做同样的工作，如果你换到这些行业，你就是在跟着大趋势走。企业和行业的发展会让你在一个上升的平台上吃到一拨新的红利。

再者，技术若想得到深化和普及，一定会降低门槛，让普通人够得到。就像人工智能，前些年听着很高大上，一定要懂代码、计算机知识才能搞这些。但现在，你只需要打开一个交互界面，像微信聊天一样地输入几句话就能使用人工智能，对普通人来说也没有什么难度。你完全可以学习这些新的技术，去看看哪些地方可以发挥你的长处，试着在应用层面，寻找机会。

不过，这类产业目前还处于比较初期的阶段。如果你想进入，需要在前期自己去学习，获得一定的积累。你可以一边上班，一边做一做与这些领域相关的事情。这就是不错的选择。

1.2.3 拥抱新行业：与个体经济相关的新职业

现在国家对于小微企业的鼓励政策力度很大，因此个体经济会越来越蓬勃发展。

以前职场人如果想要自己干，还是挺难的。开店、招人、研发产品等，有很多复杂的操作步骤。而且，工资、房租等各项成本也很高。但现在不同了，对普通职场人来说，做一些轻创业和个体经济，都是不错的选择。一方面，时间自由、地点自由，没有那么多的约束，日子可以过得更舒服一点；另一方面，这些轻创业也比较容易做起来，可以给你带来不错的收入。

1. 做独立职业人

典型的独立职业包括个人 IP、自媒体博主、带货主播、朋友圈微商、咨询师教练、保险经纪人等，并且它们之间很多是不冲突的、可以叠加的。

比如，你做咨询师教练，你需要做自媒体来拓展客源，你也需要做朋友圈来提升转化率，你更需要做个人 IP 来提升自己的影响力和长期收入。一个成熟的独立职业人，上面的所有角色可能都是由他一人承担的。

事实上，我在给学员做定制化 IP 打造的时候，通常也包括上述所有项目，如经营自媒体、朋友圈，打造产品并进行转化。如果能有效地把它们串起来，每叠加一个都会让你的收入和势能成倍增加。

2. 加入个体经济组织

不是所有人都适合做独立职业人，更不是所有人都适合创业开公司。这种选择的风险相对来说还是比较大的。因此，你也可以加入个体经济组织来享受这拨红利。比如，对方如果是一个个人 IP，那么很可能他在发展过程中需要有人来做社群运营、课程设计、自媒体运营等,这时你就可以去做这些工作。

以前,我们觉得大公司福利好、靠谱,看不上这种小公司,但现在时代不同了,很多做个人 IP 的公司都非常厉害。而且,很多大公司现在都在缩减规模,走个人 IP 的模式。

用规模来判断一个公司的好坏,现在已经不适用了。加入这种类型的中小企业,也是个不错的选择。不过,这同样需要你具备对自由职业、商业的认知能力和操作能力。

1.2.4 打好"稳定 + 发展"的组合拳

上面聊了 3 种适合普通人的发展路径,这 3 种路径并不互斥,你可以做一个组合。比如,一边在老家的某个企业干着,一边做一个独立撰稿人。

如果一上来就辞职做自由职业,你可能会面临很大的经济压力,会很焦虑。但如果你一直在一个非常稳定且节奏较慢的环境里工作,你可能又觉得如同温水煮青蛙,也会焦虑。

有一份稳定工作的同时,再做一个自由职业类型的项目,就非常完美了。这样你既享受了稳定,释放了压力,又做了自己喜欢做的事;既有愉悦感又增加了收入,还不用担心落后于这个时代。相信这样做一定会比你用同等时间投入无限内卷的行业要舒服很多。

1. 与考公考编辅导相关的一系列产业

随着职场环境的变化，如今选择考公考编的人越来越多，因此与考公考编辅导相关的产业会越来越热门。如果你选择了这条路，有了经验和人脉，那么你也很适合做这个方向。这里的切入点也非常多。你可以帮助要考公考编的人做前期规划，做专项技能提升，做考试技巧培训，做面试辅导，往考公考编各个环节的产业链去发展。

2. 二三线城市中的垂直领域

做一些依托地理优势和熟人关系的项目，在二三线城市也是比较吃香的。比如，海边城市的海产品销售工作，快团团之类的团购项目。在你回到老家之后，这些项目的运作都会非常有优势。

再比如，专门讲二三线城市生活的自媒体账号，专门赋能二三线城市产业的账号，等等。当你既有捕捉新兴行业的敏感性，又在二三线城市生活，做这种副业就非常适合。

3. 与新兴产业相关的职业

目前，与人工智能等相关的新兴产业正在迅速发展，普通人也有了很多机会，比如，用 AI 创作内容、用 AI 制作视频，等等。当你想要投身于这些领域的时候，可以一边学习，一边做副业，这无疑是不错的选择。

4. 与追求个性化、自我成长与发展相关的领域

大环境的改变，导致人们越来越关注自我的成长与发展，也越来越追求个性化。因此，个人成长、自我探索、心理健康等未来都是不错的领域。当你处在这些选择当中的时候，你必然会对这些问题有思考、有学习、有研究。那么，把它们作为相关的副业，也是个很好的选择。

1.3 在新时代，普通人必须具备的 3 种生存技能

时代的发展和职场环境的变化，将会导致我们工作所需的技能也随之发生改变。而有些技能是无法从职场中习得的，需要通过自由职业来获得。

1.3.1 独立创造价值的能力

比如，你们公司是做电商的，老板让你和同事去做小红书推广。你发了50篇笔记，同事发了10篇笔记。结果，同事却能升职加薪，于是你的心态崩了。你心想：我写的笔记比他多，凭什么他升职加薪？但问题是，老板是想要更多的小红书笔记吗？不是，他要的是转化效果。你发了50篇笔记，没赚

到1元钱。你同事发了10篇笔记，却赚到了1万元钱。那让他升职加薪难道不对吗？

再比如，你们公司是做医疗仪器的，老板让你和同事去做好客户服务。你和同事分工，你做运营，你同事做销售。你同事也不怎么工作，偶尔和客户吃吃饭、喝喝酒，还天天出去玩。你吭哧吭哧地解决用户提出的问题，每天要处理各种琐碎事。

过了一阵子，公司经营不善倒闭了。你失业了，找了很久也没找到合适的工作。你同事半个月后去了另一家公司，薪酬待遇更好。你好气啊，心想：凭什么？明明我更努力、更辛苦。

你只看到自己干的活多，加班时间比对方长，做得很认真。但是，你的效果呢？你做的事情能给公司带来收益吗？客户不会为你的努力付费，只会为你创造的价值付费。老板也是如此。

你能否在职场中生存得好，取决于你能创造多少价值。衡量价值最直接的方式是，你能给公司带来多少收益。

所有创造价值的方式中最厉害的一种，就是你自己拥有独立赚钱的能力。这意味着，你有直接给公司带来收益的能力。拥有这种能力的你，不管是做自由职业，还是去哪家公司上班，都一定会成功。

这本书讲的所有关于自由职业的内容，都是在提升你创造价值、独立赚钱的能力。这正是这个时代真正的"保命符"。

1.3.2 对商业和新事物保持敏感

之前人工智能刚火起来的时候,我们团队曾经做过与人工智能相关的一些培训和项目,接到过很多知名企业的订单。现在再看,我们对人工智能的那点认知实在太浅薄了,和技术大拿们完全没法比。我们当时能做这件事,靠的完全是对商业和新事物的敏感性,只是利用信息差和时间差赚了一点钱。

人工智能是从国外火起来的,一开始,国内可查到的资料很少,懂的人更是寥寥无几。于是,我们去查看国外的文献,翻译出来,搞明白,再去传授给别人。

每个新技术、新事物刚火起来的时候,都会有时间差和先发优势。比如,往前推十几年,优秀的人才都去了国企、外企,但也有一批人进入了互联网行业。这些人当时不被看好,之后却一飞冲天,因为他们看到了新的机会。保持对商业和新事物的敏感性,可以最大限度地让我们立于不败之地。

那么,怎么才能保持对商业和新事物的敏感性?多破圈,多交流。对于这些,我们至少要基本了解。对于每个大行业,我们至少要加入一两个相关组织,最好是加入高质量的付费圈子,便于交流。

这年头信息不见得值钱,但人脉很值钱。网上的公开信息,往往不能带来太多价值,圈子里的人才是有价值的。有时候,你通过参加活动,和其中一些人熟了,对方可能会直接带你进入行业,不用你再费那么大劲去探索。我自己就有不少机会就是这么来的。

比如,我那时之所以去了解人工智能,原因是我无意中参加了一个活动,而后那个活动衍生出了一个组织,于是我就加入了那个组织。从他们的讨论中,我第一次了解到什么是人工智能,人工智能领域有哪些商业机会。如果我没有保持对新事物的敏感性,试着走出去,那么就不会有后面的事情发生了。

1.3.3 对外建立影响力的能力

你觉得一个人拥有什么样的能力,别人才会觉得他更有价值,更愿意雇用他,或者愿意为他付费?我认为他得有创造价值的能力。并且,他也需要让别人感知到他有这种能力。

这个感知的过程,就是一个人对外建立影响力的过程。我通常把它称为个人品牌建立、个人 IP 建立。一个好的品牌能够为产品销售大大加码,个人品牌也是一样的。

比如,我准备换一台电脑。于是,我就找了一家苹果实体店,稍微看了看价格和配置,就直接买了,总共花了十几分钟。但如果这时候我看到的是一个其他品牌的电脑，那大概率我得先看看这个品牌怎么样，是不是靠谱，各方面都要详细了解一下。

苹果的电脑能做到让顾客快速下单，而对于其他品牌的电脑，顾客就得多看看了。因为我之前听说过苹果这个品牌，知道苹果的产品什么样子、有什么优点、质量怎么样，所以我信得过它。这就是品牌影响力。

产品有品牌，个人也有品牌。明星带货为什么更容易卖出去？因为他们有很大的影响力和号召力，粉丝信任他们。有时候，用户并不想买什么，就是看他推荐了某个产品，就想支持一下，就买了。

对我们普通人来说也一样。做生意的时候，人家听说过你、接触过你，知道你很靠谱，在某方面做得很好，他就更愿意相信你，你们之间也更容易达成交易。

而且，个人品牌的价值不仅仅体现在卖货上，还可以用来获得资源，获取机会和人脉。找工作的时候，正常的流程是先投递简历，然后面试。如果你的基本条件、匹配度不过关，即使你的能力很强，也还是会被刷掉。但如果老板认识你、了解你，那么你完全可以跳过一些流程，直接进入面试环节。

个人品牌的作用在其他场景下也是一样的。如果你建立了自己的影响力,你的同事和领导都比较认可你,那么你就有可能拿到好的项目和得到晋升机会。如果你在社交圈里打造了自己的影响力,那么别人也更愿意给你提供帮助,给你介绍好的资源。本质上,建立个人品牌是一种让别人信任你、关注你的方法。

毫不夸张地说,若遇到极端情况,一个有影响力的人比普通人的存活概率要更高一点,因为他们的需求和呼喊声更有可能被看到。

1.4 自由职业是适合普通职场人的一条出路

前面三节,我给大家详细分析了职场环境的变化、普通人的发展路径,以及在新时代必须具备的能力。所有这些,都指向了一个方向:职场人面临的问题是结构性问题,个人努力很难改变。而自由职业,是适合普通职场人的一条出路。你不一定非要自己创业,也不一定非要和你现在任职的公司一刀两断。只是,你要拥有从事自由职业的能力。

随着社会的发展,以后的公司形式大概率也会发生变化。以前,更多的是老板雇用员工的形式;未来,以个体为单位,双方合作和联盟的形式会越来越多。即使打工一辈子，我们价值的实现和职业发展的需求也很难被满足。而从事自由职业，则是个新的赛道，没有那么拥挤，还有更多机会。

做自由职业，你无须和任何人比，因为市场机会足够大。你总能找到符合自己需求的、能发挥自己特长的细分领域。毕竟，每个人生来都是独一无二的。一辈子打工，可能会让我们觉得生活枯燥，毫无生机。从事自由职业后，你可以选择自己想做的领域以及自己喜欢的工作方式。你可以取悦自己，满足自己。

如果你拥有从事自由职业所需的思维和能力，你在这个时代就会过得更好。当你想要离职的时候，不管是被动的，还是想主动选择做自己喜欢的事情，你都有底气和能力，随时做出符合自己需求的选择。

自由职业是一条路，而且不与其他职业互斥。无论你当前在职与否，只要你有独立与市场产生交换价值的能力。那么，你就是个不折不扣的自由职业者。

第 2 章 想成为一名自由职业者,需要做哪些准备?

很多人都想成为自由职业者。但成为一名自由职业者,你需要做哪些准备呢?知己知彼,你才能在这条路上走得更顺更平稳。这一章,我就带大家了解一下自由职业者必备的各项认知和技能。

2.1 通往自由职业之路的金字塔模型

很多成熟公司都有完善的职业发展路径，让职场人知道每个阶段自己需要发展哪些能力，这样按照发展路径一项一项去完善就可以了。而对于自由职业的迷茫，往往缘于缺乏这样一张"地图"。

在我自己完成自由职业的探索，并帮助很多人走通了自由职业之路后，我总结出了一个自由职业的金字塔模型（如图2-1所示），分别对应自由职业的5个阶段，可以给想要从事自由职业的朋友作为参考。

金字塔的第一层是从事自由职业的准备工作。此时，你可能刚刚感受到职场的困惑，想要开始探索，也可能你刚刚辞职，正在着手开启自由职业之路。这个阶段最重要的事情是为

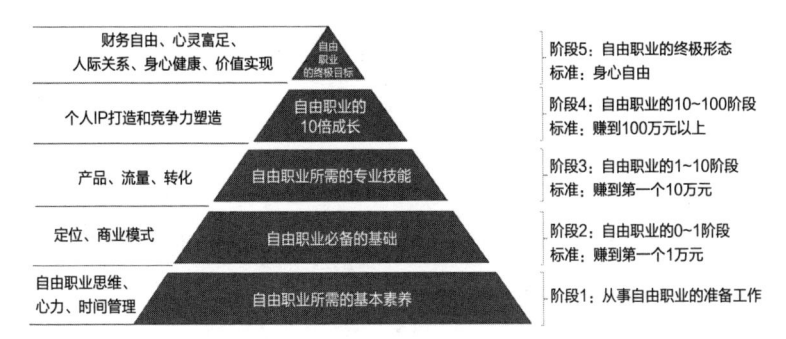

金字塔层级	内容	阶段说明
自由职业的终极目标	财务自由、心灵富足、人际关系、身心健康、价值实现	阶段5：自由职业的终极形态 标准：身心自由
自由职业的10倍成长	个人IP打造和竞争力塑造	阶段4：自由职业的10~100阶段 标准：赚到100万元以上
自由职业所需的专业技能	产品、流量、转化	阶段3：自由职业的1~10阶段 标准：赚到第一个10万元
自由职业必备的基础	定位、商业模式	阶段2：自由职业的0~1阶段 标准：赚到第一个1万元
自由职业所需的基本素养	自由职业思维、心力、时间管理	阶段1：从事自由职业的准备工作

图2-1 自由职业的金字塔模型

从事自由职业做好各方面的准备，建立对自由职业的基本认知，避免盲目投入。在第2章的后面几节，我会给大家展开来介绍，从事自由职业需要具备哪些基本素养。

金字塔的第二层是自由职业的0~1阶段。刚开始做自由职业，往往会陷入一系列困惑中，比如，应该选什么项目？要做什么方向？该如何靠自己赚到钱？在第3章中，我会为大家展开来介绍如何选项目，如何设计自己的定位和商业模式，手把手教大家打好自由职业的基础。

金字塔的第三层是自由职业的1~10阶段。当初步具备从事自由职业的能力，可以靠自己赚到一些钱时，该如何提升自己的时间利用率？那时，你会觉得有很多事情要做，总是忙不过来。在第4章中，我会为大家展开来介绍产品、流量、转化，这些环节都有哪些常见的方式，分别适合什么样的人群和场景,一步一步帮助大家提升自由职业的专业技能。

金字塔的第四层是自由职业的 10~100 阶段。在拥有稳定的收入和商业闭环之后,你反而会产生更大的迷茫。市面上同类产品这么多,我究竟有什么竞争力?每天忙忙碌碌这么久,到底在追求什么?在第 5 章,我会详细讲述如何打造个人 IP 和塑造竞争力,让你深度了解自己的优势和竞争力究竟在哪里,脱离琐碎的事情,让你用更少的时间,获得更好的效果,实现自由职业的 10 倍成长。

金字塔的第五层是自由职业的终极形态。究竟什么是真的自由?自由职业的终极目标是什么?如何实现幸福美满的自由人生?在第 6 章里,你会找到一些答案。

2.2 认知:到底是自由职业,还是自主失业?

自由职业的核心是什么?是"自由",还是"职业"?一般来说,一个复合词的核心通常是后半部分,前半部分是修饰词、形容词。比如,奶牛的核心是"牛",牛奶的核心是"奶"。而自由职业,是一种以"自由"为形式的"职业"。它的核心仍然是职业,只是工作内容、工作时间、工作地点自由而已。

那么，什么是职业呢？中国职业规划师协会的定义是这么说的：个人所从事的服务于社会并作为主要生活来源的工作。总结一下，职业的定义中有两个重点：第一，能给别人提供价值；第二，能赚到钱。

很多人对于自由职业都有误解。比如，你辞职了，每天出去玩，不工作，这不是自由职业，这是自主失业。再比如，你每天都在给别人解决问题，但是你不收钱，这也不叫自由职业，这叫做公益。

但如果你没有辞职，却有一份很灵活的副业，一边正常上班一边靠副业赚点钱，哪天你主业不想做了，可以随时将副业变成主业。那么，这时你可以说，自己有一份自由职业。在我看来，对自由职业的判定，是否辞职并不是标准，是否同时拥有"自由"和"职业"这两个要素才是标准。

事实上，"自由"的部分很好实现，你只要辞职就可以了，但"职业"的部分并不好实现。那么，我们该如何实现上文中提到的两个重点——"提供价值"和"赚到钱"呢？

你要给别人"提供价值"，通常有两种方式：实用价值和情绪价值。也就是说，你可以做专家模式，提供实用价值。如果专业度不够，你也可以做陪伴模式，提供情绪价值。

你要"赚到钱"，就要有明确的商业模式，提供价值的同时可以带来金钱收益。所以，你需要有可以卖的产品，有感兴趣的用户，还需要有一些策略让用户买你的产品。任意一环有缺失，都无法实现"赚到钱"这个结果。

"提供价值"和"赚到钱"要具体如何实现？如何兼顾"自由"和"职业"呢？这就是本书后续章节要解决的问题。

2.3 路径：从事自由职业的5个阶段和5个关键点

根据第2.1节所述的金字塔模型，自由职业之路大体可以分为5个阶段。在每个阶段，我们通常会遇到不同的卡点，也会有不同的应对方式。

2.3.1 打破职场束缚，开启自由职业之路

标准：开始探索副业

最重要的一个动作：走出舒适圈

卡点：思维定式无法扭转

从事自由职业的第一步，就是走出来。这件事看起来简单，但实际上卡住了非常多的职场人。职场的思维方式和圈子与自由职业的思维方式和圈子是不互通的。在自由职业的圈子里大家普遍知道的信息、普遍认同的共识，对职场人来说，很

可能是天方夜谭。

大部分职场人除了亲戚、同学、同事，几乎没有其他的社交圈子，他们获取信息的途径很窄，无法获取有效的关于自由职业的信息。这个时候你就必须跳出来，进入更大的圈子，多参加活动，多认识不同的人。

如果你既不想认识新的人，觉得维系关系很麻烦，也不想接触新的事情，觉得太累了，那么你将无法走上自由职业之路。

另外，在自由职业的探索阶段，你一定要保持空杯心态。职场人刚开始接触一些和自己的认知不同、思维不同的新人新事时，很容易产生抵触心理，有时还会习惯性地反驳别人的话。但是，不同的游戏就会有不同的规则，你一定要保持开放的心态，去接纳新观点、新事物。

旧的环境，旧的思维，旧的方法，带不来新的结果。如果你想做自由职业，就一定要勇敢地走出舒适圈。

2.3.2 如何实现 0 的突破，迈向自由职业？

标准：赚到业务方向下的第一笔钱

最重要的一个动作：开始卖产品

卡点：心理障碍（不愿意学习，不想卖产品）

自由职业的第一个里程碑就是赚到第 1 元钱。这件事的难点往往不是技术问题，而是心理障碍。

第一，很多职场人都有眼高手低的毛病，看不上小钱，上来就想赚大钱。以前你在公司接触的都是一些大数字，比如几百万个日活跃用户数量、几千万元营收。但这些数字通常和你没关系，那是全公司合力拿到的结果。当你自己做时就会发现，你想得挺好，但根本搞不出来。

我们可以来算一笔账：你今天收到了1个人的付费，赚到了1元钱，你觉得钱太少了，若以后你有100个用户，每个人收100元钱，你的营收就是1万元。一开始的微小闭环很重要，只要有了商业闭环，后面想扩大就容易了。

但如果你有1万个用户，有1万个产品，却连1个成交都没有，看起来好像挺热闹，实际上没有什么用。

第二，很多职场人害怕别人的眼光，不敢尝试。以前你上班坐办公室，出入高端写字楼，觉得自己是个职场精英，现在你开始在微信朋友圈卖东西。你怕别人说你怎么混成了这个样子。你想收钱，但又怕别人觉得你势利；你想做自媒体，但又怕有人来抬杠；你想推销某个产品，但又怕卖不出去，被人嘲笑。

阻碍我们实现职业自由的，往往不是真实的困难，而是我们心中预设的各种困难。但其实，自己挣钱一点都不丢人。因为害怕别人的眼光，而放弃一条自己想走的道路，太不值得了。我们不需要在意这些，做出结果、拿到成绩就是对别人最好的回应。

实现 0 的突破，说简单也简单，它甚至不需要你先去思考定位。就算你今天选择的方向不对，后面不想做了，也可以再换。实现 0 的突破后，你就能真实地感知到自己赚钱是怎么回事了，以及各个环节是怎么串起来的。这个对你非常有用。实现 0 的突破，有非常多成熟的方法。你找个懂的人，尤其是能提供完整方法论的人，向他学习，把他的商业模式抄过来就可以用了。这步若做不成，几乎都是"心魔"在作祟。

2.3.3 如何实现从 1~10？

标准：赚到业务方向下的第一个 10 万元

最重要的一个动作：确定定位和模式，并让用户清楚知道

卡点：精力太分散，缺乏主线

实现 0 的突破之后，会出现一个十分常见的问题，即你一直在尝试和更换新项目，但是哪个都没有做起来。这个状态往往是因为精力太分散，没有一个主线。如果你有 100 个资源，却有 10 个方向，每个方向只能投入 10 个资源，而你的对手虽然只有 20 个资源，但全部集中于一个方向。明明你的资源比对手多很多，但是你却没有对手取得的结果好。

想实现从 1~10，最重要的是确定自己的定位和模式。先梳理一下自己的主线，明确自己的发展轨迹，这样你的自由职业会做得轻松很多。因为你可以少投入 80% 的精力，却能取得更好的结果。

此外，光你自己明白是不够的，你还要让别人清楚地知道你是谁，你在做什么。有一个很简单的检验方法：在你的自我介绍中，你能不能用一个词概括你是做什么的？如果不能，一定是你的定位和模式不够清晰。

2.3.4 如何实现从 10~100？

标准：赚到业务方向下的第一个 100 万元

最重要的一个动作：提升商业闭环的运转效率

卡点：交付能力不足、商业感知力弱、转化能力弱

从 10~100，需要全面提升商业模式的运转效率。一个商业闭环需要关注三个重点：产品、流量、转化。如果你的产品能够解决用户的问题，再加上你有不错的流量和转化手段，那么你的这个商业闭环就能运转得不错。

很多职场人都有一定的专业能力，但对于如何获取流量、如何转化等环节，由于之前接触得较少，因此这些方面的能力不足。怎么做自媒体？怎么发朋友圈？怎么做转化？怎么设计产品和定价？这些问题都需要重点关注。

举例说明，同样是制作一个产品海报，有人能用它变现10万元，而有人只能变现1万元，二者之间差的就是细节。不是说能用就行了，而是要仔细去研究，为什么要用这个字？还能如何优化？每个细节都需要你耐下心来做深吃透。要想提升这方面的能力，你需要通过看书、上课、向人学习，补齐自己的短板。

2.3.5 如何实现自由职业的终极目标？

标准：身心自由

最重要的一个动作：把自己的精力解放出来

卡点：不愿放权、不舍得花钱

有的人能赚不少钱，但每天都非常累，且毫无幸福感可言。典型的就是，业务体量增加了，但所有的事情还是自己来做，没有人帮忙。

这里的卡点往往有两个：第一，不愿放权。你总觉得别人做得没有你做得好，交给谁都不放心。第二，不舍得花钱。你总觉得钱赚得不容易，能不花钱就不花钱，自己干。但这样做的结果就是累死自己。

真正的自由职业，应该是身心自由的。你在做事情的过程中能感觉到自己是在创造价值。赚钱终究只是人生的一部分任务，你真正想要的还是让自己和身边人过得更好。不要因为走得太远，而忘记了为什么要出发。

2.4 误区：从事自由职业一定要避开的 4 个大坑

2.4.1 盲目裸辞

第 2.2 节中提及自由职业是一种形态，并非辞职了才算是自由职业。如果盲目裸辞，你很容易陷入十分被动的境地。在没有稳定收入的情况下，你的心态容易失衡，行动容易过于着急。没有正常的作息规律、工作状态和人际交往，你很容易坚持不下去。需要学习和付费的时候，你也没有现金流可以支撑。这样会让你非常难受。

其实你没有必要着急辞职，大部分自由职业能干的事，在职也能干，完全可以边在职边干着，等你干出一些成绩再考虑辞职也不迟。在后面的章节，我会详细介绍在什么情况下可以辞职。

2.4.2 学了很多，但没有实践

学生思维是，先学会，再动手做。职场思维是，做事情不

求有功，先求无过。但做商业，一定要多实践，多尝试。

有人会抱怨，即便知道很多赚钱的道理，但仍赚不到钱，所以光知道没有用。其实，这是有认知偏差的。你不妨问问自己：你知道怎么从 0 元赚到 100 万元吗？有哪几步？具体怎么做？你仅仅知道，要坚持长期主义，要提供价值，却不知道怎么落地。

就像你看了好多兵书，但不一定能打好仗一样。学了两本菜谱，你就以为自己可以当一个好厨师了，但实际上你可能连怎么切菜都不知道，更别提中间做菜的步骤了。

关于赚钱，真正有用的知识是：你要做什么方向？你的商业模式是什么？你要卖什么产品？你的用户从哪里来？营销文案的标题怎么起？怎么回复用户提出的问题？

想获得真正能赚钱的认知很难。当你实践经验不足的时候，是很难进行有效思考的。破局最好的方法，就是找人贴身学习，从模仿中积累经验，提升自己的认知。一句话概括：不要想太多，先做起来。

2.4.3 不切实际，什么都想要

虽然赚钱的方法并不复杂，但是大部分人还是赚不到钱。为什么呢？不是找不到赚钱的方法，而是不切实际，小的不

想做，大的做不了，还不愿学习。

能力和忍耐力的中间地带，就是你的赚钱空间。有的人没什么能力，但是能忍耐。比如，忍得了风吹日晒的话，送外卖也能一个月赚不少钱；忍得了别人的嘲讽和心理压力的话，做微商也能一个月赚几万元。而有的人不愿意忍耐，但是能力强，有不可替代性，别人不知道怎么赚钱但是他知道，别人想做自由职业不知道咋整，他却能教得会别人，能拿到结果。这种人自然也能赚到钱。

如果你既没有技能，也没有能力，从现在开始，花时间、花钱去学习、去提升自己。虽然你不懂怎么做商业，怎么做营销转化，但是也没关系，市面上有好多懂的人和现成的方法，你可以找人问、找人学。用不了多久，你也能行。总而言之，"金刚钻"和"金刚心"，你总得有一个，你才能有出路。

2.4.4　决心不足，定力不够

很多人问，什么样的人适合做自由职业？我认为能力并不重要，重要的是决心要足。我做陪跑教练时，见过很多人，他们的能力都不差，但总是犹豫不决，不确定自己要不要做副业，不确定自己要不要做这个方向，不确定自己到底该做什么。结果，一年过去了，他们还是原来的样子。

相反，有些人的能力并不突出，但是他们很清楚自己要什么。遇到不会的，他们就付费去学，想不明白的、纠结的，就找人帮忙做决策，这样出结果反而更快。

无论是做副业还是做自由职业，决断力都比能力更重要。决定做副业，意味着你要承担主业可能会受到影响的风险；决定去提升自己、去学习，意味着你要承担短期内你的付出可能回不了本的风险。若没有这种决心，任何一点小困难都可能会阻碍你前进。

没有任何事情是百分之百能成功的。即使有再大的成功概率，也总有意外。如果你怕付出了时间和金钱，有可能回不了本，真的不如趁早放弃对自由职业的幻想，安心打工。因为它不适合你。

2.5 思维：自由职业的游戏规则

想要玩好一个游戏，先要熟悉这个游戏的规则。自由职业和职场的游戏规则不同，如果你还在用职场思维去做自由职业，结果必然不会好。这一节我就来讲讲从事自由职业需要更新哪些思维模式。

2.5.1 自由职业：与不确定性共舞，是最大的确定性

当你选择一个职业的时候，你会考虑哪些问题？我认为确定性一定在内。我们之所以喜欢去大公司或者做公务员，都是因为它们更加稳定、确定。但现如今，以前大家觉得很稳定的职业也面临着失业的危机。曾经辉煌的、不断升职加薪的互联网、金融、房地产行业，现在成了裁员的重灾区。

那今天还有具有确定性的工作吗？有，那就是自由职业。当变化足够大的时候，唯一不变的就是变化本身。

公务员的确定性和自由职业的确定性，完全是两种思维。前者，是追求稳定的状态。就像你走在平坦的大道上，环境一直不变，所以身在其中的你也能安然稳定。后者，是追求驾驭变化的能力。就像你在海上冲浪，面临的都是滔天巨浪，但你能驾驭这块板，风浪来了你知道怎么调整。而且，板上面的你，也能够持续玩这个游戏。

自由职业最大的特点就是不确定性，以及不确定性背后带来的巨大"确定性"。这种确定性不像职场，依赖环境的稳定。它的确定性是构建在你自身上面的，无论面对的是平坦大道还是大风大浪，都没有关系，你都能过得很好。

当环境从平坦大道变成大风大浪时，自由职业者仍可以悠

然自得地乘风破浪,就像玩一样,因为他们早已习惯。但普通的职场人会很快招架不住。因为他们不具备抵御风浪的能力,就像折翼的天使。

做自由职业这几年,我仅产品定位就变化了三四次,产品的迭代次数更是数不胜数。但是,这并没有让我感到焦虑和不稳定。当我发现自己做转型辅导比做读书更好时,我就立刻调整了自己的定位。后来,我发现小红书比抖音更有前景,于是我就更换了平台。我总是主动去迎接变化,驾驭我的小船追逐风浪,而不是等着它拍过来,把我打入水中。

环境剧变的时候,越想追求不变,牢牢抓住救命稻草,越会被拍下水。只有主动调整、适应,与风浪共舞,才能待得更久。

比如,我见过一种很神奇的现象:越想一直在职场中混的人,越容易被裁员。而那些一早就出来搏击风浪的人,反倒使自己的能力更强了,更适应职场了。出来镀了一层金,一转身便成了职场中的管理者。

再比如自媒体领域,前几年很多人抗拒它,不想弄,看不上。现在他们一看,当时抓住这拨红利的人早就赚得盆满钵满。一个大浪过来,所有人都会被卷进去。如今,你不想用自媒体也不行了。不用它的话,你就会落后于这个时代。

从事自由职业最大的底气来自对自己的全方位信任——我能驾驭风浪，我也敢去驾驭它。我知道，无论是做产品设计、搞自媒体，还是做交付、做咨询、做直播，我都能胜任。我也知道，无论做什么，我都能搞得定。

这不是盲目自信，而是一种掌控力。我有学习和成长的能力，我有一双能带自己飞翔的翅膀。所以，我就不会再惧怕任何风浪和困境。这是一种更加积极主动的心态，也是一种更强大的姿态。

2.5.2 光努力没有用，自由职业靠的是爆发式增长

有的主播一晚上能卖几百万元，你辛辛苦苦上班一年，才能赚十几万元，你是不是觉得很不公平？背后的真相是，赚钱需要靠机遇、靠资源、靠名声、靠认知、靠勇气，而你的努力和这些相比，并没那么重要。

一般来说，在职场，随着年头增加，你的收入会越来越高。但自由职业遵循的不是这个原则。在自由职业的开始阶段，即使你努力了，可能也看不到结果。在后面阶段，你的能力会有飞跃式的提升。自由职业者平常积累的不是钱，而是赚钱的认知、能力、资源。

职场人士最大的问题，就是没有自己独立赚过钱，不知道

职场外的赚钱路径。在职场,你是用辛苦努力去换钱。比如,你是程序员,那你就拼命去写代码,去提升自己的技术水平。在职场,你只需要做好其中一个环节,或者不断精进自己的技术就可以了,你的收入会随之增加。比如,今年的月收入2万元,明年的月收入2.5万元,后年的月收入3万元,是最常见的情况。

而自由职业者赚钱的逻辑是,你通过解决别人的问题来赚钱。你卖给女人们口红,是满足了她们爱美的需求。你给求职的人提供面试服务,是满足了他们找工作的需求。你满足需求或解决问题的能力提升了10倍,你赚钱的能力就提升了10倍。

如果你做得好,可能今年赚1万元,明年赚10万元,后年赚50万元。海阔凭鱼跃,天高任鸟飞,你的上限会变得很高。但如果你做得不好,可能啥都没有。

当你用职场思维理解赚钱,只盯着当前挣了多少钱时,你就很难赚到钱。

我见过很多做自由职业的人,是这样给自己定目标的:今年要赚10万元。怎么达成?往下拆解。做一个1000元的训练营,每期招10个人,每个月一期。定下目标后,只需要做几个动作:打磨出一个1000元的训练营产品,并坚持每个月开一期。然后,开始招生,每期招10个人。这听起来好像挺科学，其实都是自己异想天开。

这是典型的用职场思维来做自由职业。1000元的训练营产品，做的是什么？符合市场需求吗？能卖出去吗？你想招生，不一定能招到人，更不一定能赚到钱。商业模式没做好的话，一切都白忙活。

自由职业的赚钱逻辑是怎样的？不看钱，让钱追着你跑。想好自己有什么特长，能给别人提供什么价值，如何通过商业运作的方式，让更多人看到并愿意购买。

2.6 能力：自由职业必备的基础技能

自由职业者必备的能力包括目标力、表达力、销售力、复盘力。

2.6.1 目标力：你的船要驶向哪里？

职场是独木桥，升职加薪是几乎所有职场人士的追求。但机会不多，需要大家拼命去争取。而自由职业则是旷野，一点都不拥挤，但是每个人的方向都不相同，你很容易在寻找方向的时候迷失。

看到别人做视频做得挺好，你就想要不然我也去做吧。过了几天，你发现自己拍的视频反响不好，你又看到别人做直播带货挺赚钱的，你就又想，我不太适合拍视频，我还是去做直播带货吧。于是，你在诸多项目中徘徊：我到底该做什么？

做自由职业，你一定要有目标力，要知道自己想要的是什么。比如，你就想做一件既能赚到钱，又有意义的事情，那么你就奔着这个目标去找项目。在寻找过程中，你会遇到很多诱惑。不过不要忘记，你是为了什么才出发的。

定目标的时候，你可以确定三级目标：终极目标、5年目标、1年目标。终极目标是你最终要实现的，可以很大，可以现在看起来不切实际，需要用梦想的力量去指引你。5年目标是一个中期目标，需要努力经过一些积累才能够得到，但是又没有那么遥远。1年目标，就是回归到当下，你有哪些重点要做的事情。

在定目标的时候，如果你很难确认这是不是你的目标，你也可以找一些参照物。你觉得这个人的生活是你想要的，或者想一想自己在这个赛道上，5年后大概能发展成什么样子。你也可以去拆解和借鉴别人的发展路径，这样更加有的放矢。

2.6.2 表达力：不表达，就会被遗忘

一个会表达的人，可以始终牢牢抓住别人的注意力，而注

意力就是金钱和资源。从事自由职业，方方面面都离不开表达。你站在台上演讲，表达力能提升你的影响力和知名度；你与合作方沟通项目，表达力能让你收获好的合作伙伴；你和用户沟通，表达力能让你快速成交。

究竟什么是表达力？如何衡量自己的表达力？表达力分为三层：第一层，能在特定场合且有准备的情况下把一件事情说清楚；第二层，能把一件事情讲得吸引人、让人记住；第三层，能在任何场合，关于某个话题讲到80分水平。下面我展开来讲讲，怎么提升自己的表达力。

1. 反复打磨

对于提升表达力，人们有一个很大的误区：多说就行。然而，衡量表达力的标准并不是谁说得多，而是说的效果如何。它需要的不是广度，而是深度。在一场会议上，哪怕你只说了一句话，但是深深打动了别人，就是有效的。相反，如果你一直不停在说，但是毫无重点，别人可能会觉得很聒噪。如果适得其反，倒不如不说。

美国有位著名的棒球选手，在介绍自己的击球秘诀时这么说："高击打率的秘诀，就是不要每个球都打，只打甜蜜区的球。正确地击打甜蜜区的球，忽略其他区域的球，就能取得最好的成绩。"

对于表达力而言，也是一样的。当你的表达力还不太强的时候，你没有办法随口说出很好的内容。那这时的策略就是少说，但要说到点子上。

开始前，你可以进行模拟演练。思考一下，有哪些话题可能会被谈到？把它们提前准备一下。尤其是把你的自我介绍精心准备一下——它几乎在任何场合都会用到。

过程中，对自己没有准备过的话题尽量不发表意见。如果是一个漫长的讨论，那么你可以先花点时间听一听别人是怎么说的。把自己的想法记录下来，整理成一段有条理的话，而后在合适的时间表达出来。

结束后，复盘自己刚才的表达。自己感觉如何？是否流畅？是否表达出了核心思想？从观众的反馈来看，他们是否听明白了？看一看哪里还有可提升的空间，优化一下，下次再讲。

盲目多说，只会让你出错。但如果你对表达内容反复打磨的话，你很快就能在表达力上有很大的进步。它会让你体验到好的表达是什么样的，也会给你增加表达的信心。

2. 优化形式，提升吸引力

虽说表达内容是内核，但是，如果表达形式不够吸引人，不够有说服力，也会让效果大打折扣。

因此，在练习阶段，要格外注意表达的形式。你可以录音自己去听，录视频自己去看，从更多的维度去审视自己的表达。看自己在台上是不是自如，是不是舒展，是不是能有效调动别人的情绪。

根据梅拉宾法则：在我们与他人沟通中，谈话内容的作用只占 7%，声音语调的作用占 38%，而肢体语言的作用占了 55%。我们可以有意识地通过一些小技巧来提升吸引力，比如，互动提问，调整和转换声音、语调，利用停顿，吸引观众的目光。

同时，在内容结构上，有意识地通过添加故事情节、图表的方式来调和单纯的文字输出，有效地吸引别人的注意力。

3. 洞悉人心，驾驭表达

即使你表达得很好，如果对方不关心这个话题，也是枉然。你要去关注你面对的人到底是谁，他们的情况如何，他们有哪些问题，他们想听什么。

开始前，通过组织方提供的资料提前了解对话者的基本信息。如果面对的是一群人，你要了解他们是什么年龄段的，职业主要分布在哪些领域，对话题的了解程度如何。如果有条件，可以提前发放调查问卷。如果面对的是一个人，那就先去翻翻对方的资料，了解对方的背景、基本情况。

表达中，若有疑问，积极向对方进行确认，并持续观察。

如果是演讲分享，那么可以直接在现场提问。在分享的过程中，观察观众比较关注哪些内容，有拍照，有提问。

积累经验，慢慢你就会知道，对什么样的人群说什么样的内容是最好的。这样你就可以在表达的时候游刃有余了。

2.6.3 销售力：把自己推销出去

很多职场人都耻于推销自己，觉得展示和夸耀自己是一种不好的行为，卖东西更是令人不齿。但其实，只要不是过分夸张，展示和夸耀自己是一种利人利己的行为。你不说，等着对方去自己发掘，那就需要很长的时间。如果你表达出来了，那么你们就能更快更有效地进行沟通。

对自由职业来说，销售的核心不是产品，而是把自己"卖"出去。别人买你的东西，或者愿意给你资源，大部分时候是因为信任你这个人，而不是对你的产品有多么强烈的兴趣。

自由职业所涉及的销售形式一般有以下几种。

1. 内容展示

这和上一节所说的表达力有些相似，但是销售动作通常有更强的目的性。

如果你是为了销售自己，那么就需要做一些成果展示。首先是一些功利性的价值展示，比如，你获得过哪些知名的奖项,在哪些公司任过职,拿到过什么很厉害的结果,等等。其次是个人魅力展示,这部分更容易吸引人,可以通过一些过往经历展现你的个人品质,如坚持、顽强拼搏、勇敢等。

如果你是为了销售某个产品,那么就需要做产品介绍和案例展示。你需要描述清楚这个产品有什么用,能帮谁解决什么问题。最好用案例来展示,如某个场景中的主人公遇到了什么问题,使用这个产品后达到了什么样的效果。

2. 一对一私聊

一对一私聊是更加考验销售水平的一种方式。做内容展示的时候,只有你一个人发言,没有人打断你,你只需要按照自己的思路持续往下进行就可以了。但是对于一对一私聊,你必须顾及对方的想法,并且做出回应。

一对一私聊成功的关键是对对方的判断。首先,了解清楚对方的情况和诉求,判断他的沟通风格是什么样的。然后,用帮助对方解决问题的友好态度进行沟通。成功的销售并不是把自己的产品强塞给别人,而是用自己的产品帮助别人解决问题。

2.6.4 复盘力:1万小时的刻意练习后,你就是大师

是否有人向你抱怨:我每天都在小红书上发笔记,为什么我的粉丝数始终涨不上去?我每天都在做销售,做了一年,为

什么我的转化率仍没有提升？……这些很可能是无效的努力。真正有效的努力是：刻意练习，持续迭代。

做了一周小红书后，停下来复盘一下：哪篇笔记的数据好一点？为什么？看看对标账号，别人的数据为什么比你的好？有哪些方面可以学习借鉴？销售了一个月后，停下来看一看：有哪些客户被有效转化了？是因为什么转化的？为什么跑单了？从哪里跑的？

做自由职业，建议你每周做一次项目复盘，每月做一次业务复盘，每半年做一次方向复盘。如果你持续这样做，你的经验一定会积累得很多，你的能力也一定会提升得很快。

1. 项目复盘

每周的项目复盘就是每周对最近在做的一些项目进行数据分析。比如，上面所说的小红书，每天都有大量的数据，要重点关注，快速做调整。

这种复盘主要关注突出的部分。比如，你做小红书，发了10篇笔记，1篇有1000个赞，6篇有100个赞，3篇有20个赞。那么，你主要关注的是那1000个赞的，分析为什么这篇笔记的数据那么好，你怎么把其他数据也拉到这个水平，而不用去关注那些差的和平庸的。

2. 业务复盘

每月需要做一个业务复盘，看看自己的数据，营收如何，转化如何，有多少客户，要做到心中有数。做自由职业的人特别容易闷头干活，忘记抬头看天。因为项目做得太投入，以至于忘记了自己为什么要做这个项目。

比如，你做小红书，可能是为了引流获客。如果效果始终不好，那么你就要考虑是否换个平台去做引流，而不是在一棵树上吊死。

3. 方向复盘

每半年需要做一下方向复盘，整体评估收入模型和发展前景。有些项目是周期性的，过了一定的时间，就会走下坡路，不一定是你做的事情有问题。

所以，需要定期去看看自己业务的整体发展趋势，也去看看市面上有没有什么新的玩法和优秀案例，可以学习和借鉴一下。

2.7 百宝箱：辞职转型工具大全

2.7.1 辞职自查清单

我在前面提到过：自由职业是一种职业形式，你不要一上来就辞职。因为盲目裸辞很容易导致心态失衡。做自由职业非常需要心力,所以你一定要提前做好各种准备,让自己能够静下心来做事,而不是忙于奔波和生计。如果你现在正在考虑要不要辞职,建议你先看看以下内容,再做决定。

1. 辞职的必备条件

第一,充足的现金流。你可以自己算一下每年的生活费大概是多少。建议你一定要按年计算,而不是月。每月的波动会比较大,有时候一笔人情费,出去玩一次,买个大件物品,一些小意外,可能会有较大的支出。但是按年计算,一般是比较靠谱的。

此外,你还需要留出一些余量。对于自由职业,如果你想做得好,花钱学习、混各种圈子、人情往来都是必需的。因此,你也要给这部分支出留出一定的余量。

一般来说,辞职半年体验一下,足够了。你适合不适合做这个,你能不能做的出来,基本上就都知道了。时间再长,你回去找工作也很难。

如果你发现自己不适合做自由职业,也不是马上就能回到职场的。从你觉得自己可能要结束休整期到开始找工作,再到真正入职,也需要一定的时间。尤其对现在的职场环境来说,其实不太乐观,你需要留出更多的时间。所以综合下来,至少要留出一年的生活费。

第二，跑通模式，能看到希望。你辞职，并不一定是你做副业赚到了很多钱，而是你知道自己要干什么，并且你已经跑通了商业闭环。

如果说你现在还没有任何尝试，只是不想上班。如果你仅仅是这种心态，那我不建议你辞职。因为这样去做自由职业，很容易浪费宝贵的时间。如果你真的很想辞职，那就把这股劲儿用在搞副业上。现在，立马找个副业开始搞，该学学，该问问。

第三，充分的心理建设。做自由职业，可能并非一帆风顺，你要做好失败的心理准备。你是否能接受半年没有收入？你是否能接受离开职场后很难再找到同样的工作，收入下降、薪资比同龄人低？你是否能接受可能存在的焦虑和不自律？

你自己是不是有学习和支撑系统，有人帮你、带你，有学习的环境，让你不至于整天在家躺着啥也不干？关于如何做好心理准备，在后面的章节中我会详细讲到。

做最坏的打算，做最好的准备。想清楚这些了，你才能做到坚决和果断，也更容易做成。

2. 辞职的优先条件

如果你已经全部满足这些必备条件，且遇到了下面这两种情况，那么你确实可以好好考虑一下辞职的问题。

第一，副业比主业赚的钱多。比如，你做副业花 1 小时能赚到 1000 元，而你做主业 1 小时只能赚到 200 元。并且，你现在时间已经填满了，如果把主业的时间空出来用于做副业，你就能赚更多的钱。在这种情况下，你辞职确实是一个性价比更高的选择。

第二，主业严重影响身心健康。比如，由于上班工作强度太大或者心理压力太大，带来了严重的身体或心理疾病。如果有强度小一些、比较可控的，自己又喜欢的副业，在有基本收入的情况下，也可以考虑先辞职做一做，调整一下状态。

3. 不要急着辞职

很多人把辞职当"万能钥匙"，工作不开心，觉得只要一辞职，所有困难都解决了。但问题是，收入从哪儿来？职业最主要的用途就是谋生。

如果你很自信自己做自由职业能成功，那为什么付出点时间和金钱去投入的时候，你那么犹豫纠结，害怕白白付出了？如果没有自信自己做自由职业能成功，又为什么敢盲目裸辞把自己置入险境呢？

很多人说，在职的人是做不成副业的，只有破釜沉舟才能成。但人的性格不会因为辞职而一朝发生改变。如果你真的有这个决心，就不会没有时间做副业。如果你在职时都管不好自己，那么也不要那么自信地说做自由职业后，就能突然自律了。那可能不是自由职业，而是主动失业。

自由职业没有想象的那么可怕，也没想象的那么美好。它就是一种实实在在的工作方式，只不过时间更自由而已。如果你现在没有勇气辞职，也没有做好充分的准备，那也没关系。那就趁在职期间，先把从事自由职业的基础技能学好，老老实实学习，看看自己能不能适应这种工作方式。若能行得通，再辞职也不迟。

2.7.2 社保的缴纳

辞职之后，一个很重要的事情，就是要自己搞定社保，避免因断缴而带来各种影响。

1. 社保到底有什么用？

所谓"社保"，一般是指职工社保，这是国家要求企业给在职员工缴纳的保险——医疗保险、养老保险、生育保险、失业保险、工伤保险。通常福利较好的企业还会为员工缴纳公积金，它们加起来就是我们所说的"五险一金"。

"社保断缴"是指连续缴费年限断了，但是累计缴纳的金额和时间都不会受到影响。如果企业不给职工缴纳社保，那是违法的。如果没有工作单位，社保还要不要缴纳呢？不缴纳可以吗？实际上，缴不缴是个人自由，但如果不缴，一旦用到可能会吃亏。就拿最基础的医疗保险来说，没有缴的话，就医看病的全部费用都需要个人自付，一分都报销不了。如果不幸患了癌症之类的大病，治疗费用可是一笔不小的开支。

除此之外，社保还有很多隐藏的福利。在很多大城市，想办居住证、买房买车、积分落户、子女上学，第一个条件就是"缴过社保"。比如上海，外地小孩想在上海上学，父母必须连续缴满6个月的上海社保。具体的要求，每个城市都不同，如果你想了解得更加清晰，也可以咨询当地人力资源和社会保障局。

2. 如何自己缴纳社保？

一般来说社保有几个档位，可以选择不同的档位进行缴纳。一些比较大的企业往往缴纳的档位比较高。但如果是自己缴的话，其实没必要缴这么高。公司缴的话，是你个人出一部分，公司出一部分，相当于公司缴的钱越多，对你越有利（公司出钱，你享受福利）。但如果是自己缴的话，全部的钱都是自己出的，一般来说按照最低档位缴就可以了。

自由职业者的社保到底要怎么缴呢？有两种方式可以选择：

一种是缴城乡居民社保，包括城镇居民社保和新农合（根据户口类型是城镇还是农村来区分），只针对医疗和养老两部分提供保障，每年缴费较便宜。这种一般只能在户口所在地参保。

另一种是以灵活就业的身份缴职工社保，待遇和职工社保是一样的，保障一般也包括医疗和养老。这种就和正常的企业缴纳的社保差不多。

通常来说，我比较建议用灵活就业身份缴纳社保，因为它的报销比例比较高，尤其是医疗保险。

2.7.3　满足以上这几条，再考虑要不要开公司

很多人会纠结，自己做自由职业，要不要注册公司？如果是个人业务，在刚起步的时候，其实可以不用过多考虑注册公司的问题。毕竟开一个公司也挺麻烦的，各方面的成本也不低。而且，你若没有需要出示公司营业执照的场景，就没有必要注册公司。这时候，专心做好业务，跑通模式，才是正经事。

那么，什么情况下需要注册公司呢？遇到以下几种情况，就要注册公司了。

1. 做 B 端业务

个人用户一般不需要开发票，但是当涉及对公司的业务、给公司培训等，对方往往会要求你开票，这时候你就要有公司主体了。另外，如果是做 B 端业务，一般会涉及签合同等事宜。这时，如果有一个公司主体，往往更有利于业务的开展。

2. 在平台开网店

很多自媒体平台开店铺或者提现，都需要营业执照。如果你是在网上自己开店卖货，那就需要注册公司了。

3. 收入比较高

如果你的收入比较高，那么你的成本项目通常也会比较多。这时候如果按企业所得税计税的话，通常会比按劳务报酬计税要划算得多。当你的收入达到一定水平后，如果不注册公司，每个月要缴的税会多很多。因此，这时候建议你通过注册公司的方式降低成本。

2.7.4 一定要具备的税务和法律意识

一旦涉及商业用途，很多事情就会变得非常复杂，一定要提前了解。对于很多细节，普通职场人未必有感知，等发现出了问题往往为时已晚。这里提醒大家两点。

1. 按时纳税

普通职场人一般没有自主报税纳税的意识，因为基本上都由公司代为申报了。但如果是自己做自由职业，并产生了一些收入，那就需要进行报税了。

如果注册了公司，那么按照企业的所得税、增值税等类目进行报税即可。如果是个人通过其他兼职、项目所得，可以在个人所得税 App 或者当地税务局进行自主申报，年度汇算清缴的时候也要把多份收入进行综合上报。

企业纳税相对来说较为复杂，也更容易产生问题。如果大家不清楚的话，可以咨询当地的税务局，或者找专业机构代为办理。

2. 避免侵权

我在做自由职业陪跑的过程中，碰到过两种很典型的侵权事件。

（1）内容侵权。直接将他人的课程内容当作自己的，或者内容过于相似，都属于侵犯版权。还有未经允许，把别人的内容进行二次出售或盗版出售，也属于侵权。

（2）图片和字体侵权。有一些图片和字体有版权，如果你使用对方的图片和字体，就会有侵权风险。这一类是非常容易中招的，因为你不知道哪些图片和字体是有版权的。有些公司会专门收购一些网络上常见的图片和字体的版权，然后起诉使用者侵权，非常难以提防。比较保险的方法就是，尽量使用最简单常见的字体，尽量使用自己拍摄的图片。

第3章 自由职业0~1阶段，如何高效打造商业模式？

当你真正开始做副业或者自由职业的时候，通常会遇到一个非常头痛的问题：我该如何开始？选项目、找定位、设计商业模式，对职场人来说每一步都非常艰难。这一章，我就带大家来详细了解一下，究竟该如何完成自由职业0~1阶段。

3.1 选择大于努力：如何选择一个好的项目

在自由职业 0~1 阶段，有一个特别常见的困惑：市面上能赚钱的副业那么多，我究竟应该干什么？

根据我做自由职业陪跑的观察，10 个做不好自由职业的人，有 9 个都是在选副业项目上出了问题。有的人选的项目周期太短，天花板太低，很快就赚不到钱了，只好不停地更换项目。有的人选的项目不符合市场需求，很难做出来。有的人选的项目不适合自己，坚持不下去，没有动力。

3.1.1 职场人士选副业项目的 4 个常见困境

很多人发现别人做得挺好的项目，自己上手却做不出来。即使上了一堆课，也还是做不成。职场人士做的副业和普通的商业项目是有一些不同的。真正要做出来，必须考虑这4个问题。

1. 延展性

职场人士做副业，不一定是为了变现，有可能是为了在行业里建立名声和影响力，转行换工作，以及给自己储备职场外的发展可能和资源人脉。对大部分职场人士来说，由于时间、精力、经验等各方面的原因，起步阶段可能会非常难，另起炉灶进入一个新领域更是难上加难。

所以我给学员设计方案的时候，一定会贴近他们原有的领域做延展。要么是工作上的延展，要么是业余爱好的延展，要么是所学所思的延展。最大限度地和他们本来做的事情结合起来，这样既能互相辅助，比如，促进对工作的理解，促进自己的学习成长，也能避免不相干的事情牵扯太多的时间和精力，以至于做不过来。这样职场人士的压力就会小很多，更容易成功。

2. 阶段性

很多人会说，听了很多大佬的分享，学了很多的东西，但还是不知道自己要做什么，很迷茫。

我曾经给一个学员做过咨询，她擅长的领域是心理咨询。她说她和一个大佬聊过，对方建议她做婚姻情感、资产分离等方面的咨询工作，当时她一下子就蒙了。我说，那个大佬说的话没错，做情感领域确实很赚钱、很吃香，但是可能不太适合你现在这个阶段，你还没有处理这些问题的经验，你的性格也决定了你做这些事情可能会心里不舒服。我认为，对现在的她来说，就是踏踏实实做好自己能做的事，给别人分享自己的情感经验，帮别人进入关系，是目前于她而言最稳定且能获得成就感和见到效果的最佳道路。

你发现，很多时候你问的人越多，你越焦虑，尤其是那些不了解你、只了解市场的人，他们会告诉你，做某个市场很好。是的，他指的方向确实很好，但以你现在的能力是无法做到的。好方向固然重要，但是找到适合自己当前阶段的路，能一步一步看到结果，才是最重要的。

3. 风险性

对职场人士来讲，必须关注投入产出比。因为他们能投入的时间、精力、金钱都非常有限。我曾有个学员，他想做自己的实体品牌。这可能是个好方向，但对在职的人来说，绝对不适合。做自己的实体品牌，前期需要的投入太多了，职场人士根本做不出来。

我给职场人士做方案时，都会选择普适保险、成功率高、成本低的设计。即使出结果稍微慢点，这样的设计方案对他们而言效果也一定是更好的。

4. 自己的个性

除了赚钱，很多职场人士做副业时，很在意是不是自洽，是不是自己喜欢做的事、有意义的事。有可能这个方向很好，但是如果他们不感兴趣，不想做，那么效果也不会好。对职场人士来说，他们想做副业，很大一部分原因是职场给不了他们自我实现、做自己想做的事情的空间。

如果做副业仍然只奔着赚钱这个目的，那就和职场工作毫无区别了。所以，它就要求职场人士能够了解和尊重自己的喜好。我在设计方案的过程中，也会花很多的时间去认真了解对方，和对方商讨副业的方向及具体的内容。

如果不考虑这些情况，只是单纯去模仿那些已成型的商业模式，去学习惯有通用的方式，那么你可能会成为一个理论知识丰富的副业学者，但很难真正做成自己的副业。

3.1.2 职场人士选项目的3个标准

（1）试错成本低，前期投入小，能快速验证。在职状态下，一定要控制风险和成本。大部分人没有那么多的时间、金钱可以投入，如果长时间看不到结果，可能也没有办法坚持下来。如果一上来就做一个周期较长的项目，肯定不合适。职场人士做副业，需要的是可以低成本试错，不需要前期投入太大的项目。

（2）能积攒长期复利，穿越周期，不容易饿死。如果每次都要从 0 开始，那就损耗太大了，没有办法持续上升。对普通人来说，没有那么多资源和时间可以反复起盘。因此，找一个有复利积累、能持续的方向，是最靠谱的，也是最舒服的。这就需要你选的这个行业的天花板比较高，没有那么容易因为一些外部原因致使整个行业凋零了，也需要它和你本身有足够多的链接，即使你没做出来，仍然对你的职业发展有用，不会浪费时间。

（3）符合个人的需求，灵活性强，有竞争力。如果你想在某个领域做得很好，想获得足够的收入和资源，一定要成为这个领域的佼佼者。怎样成为佼佼者呢？这件事，你做只需要 10 分钟，而别人需要 30 分钟。这件事，你很容易就能坚持下来，但是别人不愿意去做。这样，你才有可能真的在这个领域干出成绩。

在选项目的时候，你需要同时向内看和向外看。向内看，就是看自己想做什么，自己能做什么。向外看，就是看市场有什么需求，什么方向有前景。两者的合集，就是最好的选项。

3.1.3 职场人士选项目的 2 种最佳策略

1. 个性化赛道 + 个人 IP

打造以自己的经历和特质为主线的个人 IP，身份可以是自媒体博主、课程讲师、咨询师等。个人IP赛道包括个人成长、自我探索、心理咨询等相关领域。这些都是非常低成本且天花板较高的领域，非常适合职场人士。

打造个人IP就是在打造商业闭环，把其中任何一项能力抽出去，你都可以轻松做下去。如果你懂怎么做产品，怎么做运营，怎么做自媒体，怎么获取流量，你走到哪里都会成功。

很多人不知道怎么转型，其实我身边很多人都是通过做咨询、做项目、打造个人品牌实现转型的。当你建立了个人品牌，建立了自己的优势和专业，你就有能跟别人产生价值交换的筹码。这时候，你会吸引到高质量的资源，你也才能和你认识的高质量的资源产生互动。

我自己做个人品牌之后，有很多各行各业的人来找我，这时候我再想去做某个行业，就会变得轻松很多。

2. 科技行业+独特技能

很多人对高科技领域总是望而却步，认为自己不懂高科技，但其实可以将自己的技能与这些行业相结合。即使你做的工作与之前的类似，但如果能换到这些行业，你就是在跟着大趋势走，大概率你能享受一拨新的红利，且至少在很多年内不会掉队。

例如，你不懂芯片，但你可以和有技术背景的人一起做芯片项目。你们可以相互配合，别人做研发，你可以做产品对接、销售、商务公关等你擅长的部分。你还可以给别人招聘人才，做一些培训项目。在这些行业，你可以找到自己的机会，哪怕是一个很小的板块，如海报设计、自媒体文章撰写等，都可以。

3.1.4 适合职场人士的4类低成本项目

做自由职业，只有你自己搭建完整的商业闭环，才能赚到钱。一个完整的商业闭环，可以分为产品、流量、转化三端。"产品"就是你卖什么东西给用户；"流量"就是你去哪里找到你的潜在用户；"转化"就是怎么让潜在用户完成支付动作，成为你真正的用户。根据这三端，你可以找到一些适合职场人士的低成本项目。

1. 从产品端入手的项目

这类项目，往往是根据产品交付方式来命名的。你可以先确定领域和产品，然后开始做其他环节。这类项目有做咨询师、教练、做培训课程等。

项目特点：第一，以产品为重，对专业性要求较高。第二，前期往往需要花费大量时间去学习和制作，周期较长。

适合人群：第一，在自己熟悉的领域内的积淀很深厚，专业知识非常扎实。第二，对于学习新的知识有非常浓厚的兴趣，且不急于变现。

最容易踩的坑：花很多时间打造高质量的产品，但不符合市场需求，无法售出。

2. 从流量端入手的项目

这类项目，往往是根据渠道来命名的。你可以先聚集一拨人，再完善其他环节。这类项目有做自媒体博主、社群运营等。

项目特点：第一，以流量为重，需要大规模的关注量、粉丝量。第二，成本往往较高，如运营成本或者内容制作成本。

适合人群：第一，善于沟通和吸引他人的注意力。第二，喜欢和人打交道，且不会被大量的沟通和不同反馈困扰。第三，没有特别强的表达欲望，不排斥去迎合市场。

最容易踩的坑：聚集了一群人之后，不知道该怎么变现。

3. 从转化端入手的项目

这类项目往往是强销售导向的，比如，做微商、做保险经纪人、做健康产品代理等。

项目特点：第一，以转化为主，使用大量的销售手段实现转化。第二，比较容易赚到钱。

适合人群：第一，对于赚钱有强烈的欲望，且对于谈钱没有心理压力。第二，不太在意他人的评价，也不会被别人的情绪影响。

最容易踩的坑：由于营销内容过多，无法与用户建立信任关系，且每天有大量的无效沟通，做得很累。

4. 比较特别的项目：个人IP

个人IP是基于你个人的经历和特质来设计的，你可以先看看自己的定位，然后再去选择项目和商业模式。

项目特点：第一，具有复利的性质，时间越久，价值越大。第二，因为人的内核相对稳定，受外界环境影响较小，不易变更赛道。第三，可以最大限度地提升影响力和聚集资源。

适合人群：第一，长期主义者，希望持续成长和提升自己。第二，想构建影响力，增加自己的资源和收入。第三，希望用舒适的方式赚钱，真诚做自己。

最容易踩的坑：相对比较复杂和难以上手，自己很难判断路线是否正确。前期容易因没有快速见到成效而偏离自己的初衷，去追逐热点和跟风。

另外，这几类项目也都不是割裂的。你做社群运营，可以通过卖课程变现。你做保险经纪人，可以通过做自媒体来拓客。而这些都可以和个人IP相叠加，它们之间的区别在于切入点和侧重点不同。如果想做好个人IP，产品、流量、转化三端缺一不可。具体怎么做这三端，我会在后面的章节中继续给大家展开讲。

3.2 定位决定生死：我究竟该做什么？

做一个项目，从哪里切入和找准自己的定位十分重要。如果说做项目需要同时向内看和向外看，那么定位需要的就是向内看，看清楚自己的优势到底在哪里？那么，如何找准自己的定位？这一节我将给大家具体介绍一下。

3.2.1 发掘个人优势 3 步法

1. 确定思路

找准定位首要的一点是给自己做好心理建设。不要给自己设限，也不要怕重新开始。我在一开始给自己定位的时候，把自己局限在了以前的工作范围内。我觉得我只做过产品经理，所以我只能做与之相关的事情。

后来我想通了，不是我只能干这个事，而是我不知道我还能干什么。在一个公司或一个行业待久了，很容易被框住。但其实只要想干，我什么都能干。回顾以往，我也有过很多次从 0 开始的经历，现在一样可以。

2. 找到自己的兴趣

每个人的人生经历都是一座巨大的宝库。兴趣和优势都需要从过去的经历中去挖掘。

你现在就可以拿出一张纸和我一起完成几个动作：第一步，列出过去所有你觉得高度愉悦的时刻；第二步，提炼出这些场景中让你愉悦的要素；第三步，思考还有哪些场景也出现过这些要素，在那些场景中你是否愉悦过，如果答案是否定的，就直接放弃。

这里有一个常见的误区，就是把要素和职业直接挂钩。比如，我觉得旅游很愉悦，不代表我就要去做导游等相关职业。做导游确实有旅游的部分，但它是一项重复活动，重复讲解，重复带别人玩。而重复则是我完全不喜欢的部分。于我而言，喜欢旅游的本质其实是喜欢新鲜感，而不是喜欢旅游这件事本身。

3. 找到自己的优势

作为一种职业，你需要一定的专业度，光感兴趣是不够的，还要找到你能做好的事。不要试图去找你能比任何人做得都好的事情，因为这太难了。绝对优势靠练习，你去找相对优势就可以了。什么是相对优势？我的定义就是你能比大部分人做得好。你可以分3步找到自己的优势。

（1）了解自己的性格类型。比如，你更喜欢和人打交道还是和事打交道？你更喜欢确定性强的工作还是可能性强的工作？可以去做一些性格测试（如MBTI、盖洛普测试等），参考测试结果，找到适合自己的职业。

（2）回溯过往经历。列出过去所有你觉得有成就感的事，并提炼出你能做成的原因。找一找这些事有哪些共同要素，这里面有哪些事是你能轻易做好但别人不能的。如果你实在想不出来，可以想一下你在什么事情上花的时间和金钱最多，根据一万小时定律，那么这件事大概率可以发展成你的优势。

（3）大量沟通。多和别人聊天，看别人对你讲的什么东西感兴趣、什么事会找你帮忙做。别人对你讲的东西感兴趣，就说明市场上有这种需求，并且你也能满足相应的需求。这里注意，不要直接问，看他们的表现就行。

想在大领域找到优势很难，但是在细分领域找其实并不太难。比如，想当厨艺天下第一的厨师肯定比最会唱歌的厨师要难得多。细分领域的垂类优势大多在于跨界，成功跨界的方法是去不同的圈子找交集。

我举个例子。我有一个圈子的朋友是这样的：复旦大学中文系硕士、北师大中文系博士、各种语文老师和高校中文系老师……他们的诗词、歌词都是自己写的，出门从来不用导游讲解。论知识面、写作能力,他们都远胜于我。

我还有一个圈子的朋友是这样的:在抖音有几十万个粉丝、公众号多篇文章达到 10 万 + 次阅读量……各个平台都有自己的粉丝圈,也有自己的付费服务。论公众表达能力、带货能力,他们都比我厉害得多。

这么看起来,我好像完全没有优势,但其实不是。只要我在这个圈子里混,就算我是垫底的,我仍然有这个圈子的特质。论单项,我比不过他们,但论复合能力他们未必比得过我。第一个圈子里的人可能没我懂大众需求,他们写纯文学作品,我写通俗文学,第二个圈子里的人懂的理论可能没我多,而两者交叉的能力就是我的价值所在。

3.2.2 用 3 个维度找准你的定位

要想找准定位,需要考虑以下 3 个维度。

1. 定领域

定领域,指的是你要进军哪个赛道,和哪些玩家在一起玩。定领域只是第一步,你还需要更多更具体的分析。

2. 定技能

定技能,指的是你给别人提供的价值是什么、解决的问题是什么。比如,同样是滑雪,你可以教别人如何滑雪,也可以教别人如何购买和挑选滑雪装备，还可以教别人如何成为一个滑雪教练。这三种技能吸引的人群是不同的，提供的价值和做法也是不同的。

想要做好商业闭环，你一定要知道你给什么人提供了什么价值。如果你只是把自己定在了滑雪上，发了很多与滑雪相关的内容，那么你的账号标签和目标用户就会非常模糊。别人只知道你是做滑雪领域的，却不知道能从你这里具体获得什么。

3. 定人群

定人群，就是确定你的目标用户。比如，同样是教产品经理面试，你的目标用户是刚毕业初入职场的人，还是毕业3～5年想跳槽的人？抑或是工作多年想升职加薪获得更大发展空间的人？

刚毕业的人最关心的可能是怎么拿到大公司的录用通知，他们最担忧的问题往往是自己没有经验。想跳槽的人最关心的可能是怎么找到更高薪水的工作，他们遇到的问题往往是如何包装自己的过往经历以及如何与老板谈薪资待遇。

同一个领域，同一种技能，会有很多共性的方法论，但每个人群的情况和需求都是不一样的，你只有确定了目标用户，才能够击中他们的痛点，让他们愿意为此买单。同时，每个人群关心的话题也是不一样的。如果你不知道你的目标用户是谁、他们的画像是什么样的，你就没有办法有效地吸引他们的关注。

你能提供的价值无非实用价值和情绪价值两种。前者要具备外在特质，后者要具备内在特质，如图3-1所示。

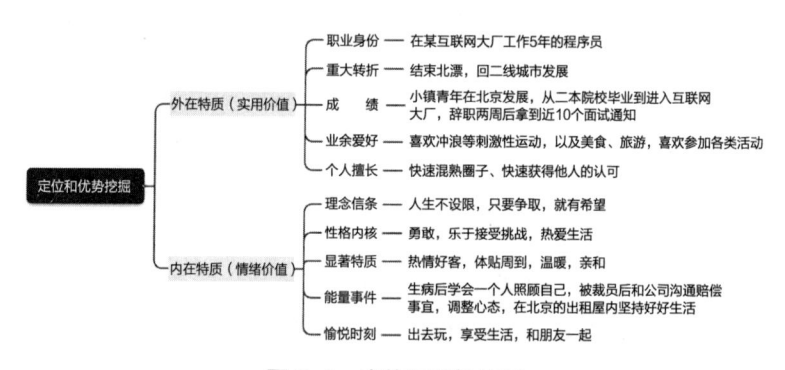

```
                    ┌─ 职业身份 ── 在某互联网大厂工作5年的程序员
                    ├─ 重大转折 ── 结束北漂，回二线城市发展
         ┌─ 外在特质 ─┤           小镇青年在北京发展，从二本院校毕业后进入互联网
         │ (实用价值) ├─ 成  绩 ── 大厂，辞职两周后拿到近10个面试通知
         │          ├─ 业余爱好 ── 喜欢冲浪等刺激性运动，以及美食、旅游，喜爱参加各类活动
定位和优势挖掘 ─┤          └─ 个人擅长 ── 快速混熟圈子、快速获得他人的认可
         │          ┌─ 理念信条 ── 人生不设限，只要争取，就有希望
         │          ├─ 性格内核 ── 勇敢，乐于接受挑战，热爱生活
         └─ 内在特质 ─┤           热情好客，体贴周到，温暖，亲和
           (情绪价值) ├─ 显著特质 ── 
                    │           生病后学会一个人照顾自己，被裁员后和公司沟通赔偿
                    ├─ 能量事件 ── 事宜，调整心态，在北京的出租屋内坚持好好生活
                    └─ 愉悦时刻 ── 出去玩，享受生活，和朋友一起
```

图3-1 定位和优势挖掘

我以一位我孵化的学员、某互联网大厂程序员为例梳理一下我帮她找到定位和挖掘优势的过程。

第一，面对大城市的生活压力和互联网大厂的工作内卷，她想结束北漂，回二线城市发展。如何给自己做职业规划？是否该回家乡发展？在家乡，如何找到合适的工作？如何保持自己的薪资水平和竞争力？在转型期，如何克服心理障碍，调整状态？

第二，一个普通小镇女孩，用自己不断争取、不放弃的精神和勇气，与生活和压力抗争，为自己争取到想要的生活。

不满足于小镇平庸生活的她，通过努力学习勇敢走出小镇，毕业后进入互联网大厂。经历大厂工作内卷、裁员后，她又勇敢地追随自己的内心，放弃北漂，选择回到二线城市生活。当面对生病、裁员、孤独、无助时，她从没有放弃自己，放弃好好生活，而是去参加各种活动，去品尝美食，去玩耍，去挑战极限运动，她活出了自己的精彩。并且，她很愿意把自己的这些经历分享给别人，让更多的人生活得更好。

在我和她一起去梳理这些经历之前，她一直和我说，觉得自己太普通了，没什么可说的。但是，梳理之后，我发现她身上的很多点都是非常有价值也非常打动人的。而且，这些经历，没有第二个人和她一样，这就是她独一无二的特质。

3.3 商业变现万花筒：拿什么来赚钱？

3.3.1 3种商业模式

1. 出售技能

自由职业者赚钱的第一种商业模式，是出售自己的技能。这里的技能是一个比较宽泛的概念，它不一定非得多厉害、多稀缺，只要别人需要就可以。

（1）你比别人做得好的地方。比如，别人现在要做职位晋升答辩、做工作汇报，但是自己做的PPT不行，而你的PPT做得很好，你就可以收费给别人做PPT。又比如，有人想拍摄一些照片留作纪念，但是自己的拍照技术不好，也找不到合适的人来帮忙，而你的拍摄技术不错，你就可以收费给别人拍摄照片。

（2）你比别人提前经历的阶段。比如，你求职的时候拿到过很多面试通知，那么你就可以把自己的求职经验总结出来，卖给后面的学弟学妹们，当作求职面试的指导。又比如，你自己做小红书成功了，你就可以把自己做账号的经验总结出来，分享给后面想做小红书的人。

（3）别人不想做的事情。比如，年底要交工作总结了，很多人不想写，你就可以收费代写，对方可能也不需要你写的内容有多好，写出来就行。又比如，有些人忙的时候不想自己每天升级游戏账号，你就可以收费做游戏代打，也不需要你玩得多好，能帮别人做完基础任务就行。这类技能不需要多少技术，属于用时间换钱。但是中间你也会提升自己的各项能力，比如，如何沟通，如何处理各种问题。一旦你做熟了，有了专业度，它也未必不能变成你的优势和特长。

注意：出售技能这种商业模式，需要你之前取得过比较好的结果，只有你成功过，才有能力去教那些后来者。

2. 出售资源

自由职业者赚钱的第二种商业模式，是出售自己的资源。同样，这些资源并不一定多稀缺，只要别人需要就可以。

（1）别人获取不到的资源。比如，飞天茅台市面上很少见，如果你手里有，你就可以转卖给别人。又比如，你认识某个知名的品牌方，有人想找该品牌方合作，你就可以在中间收取介绍费。

对于这类资源，需要你获得一些相对来说没有那么容易获得的资源。每个人其实多少都会有一些别人没有的资源，只要别人需要且暂时找不到，这些资源就有市场。

（2）做资源整合，节省别人的时间。比如，你认识了很多大学生，如果别人想做大学生的生意，就可以找你合作。虽然他们自己也可以去认识大学生，但是你这里有现成的资源，可以提升他们的工作效率。又比如，品牌方想找一些博主做投放，你就可以收取一定费用去联系这些博主。虽然品牌方自己也能找到博主，但是耗费时间和精力，因此他们也愿意出钱解决这些问题。再比如，你办一个付费活动，给大家提供社交机会，让别人能够高效认识自己想结交的人，这也是一种资源整合。

对于这类资源，需要你把资源聚合起来，因为存在规模优势，所以有溢出价值。

（3）低频事件，做共享资源。对普通职场人来说，没有那么多资源，也可以做一些日常款。比如，腾讯会议免费版限时1小时，很多人偶尔开个长会，不想开通会员。如果你是腾讯会议的会员，你就可以出租你的会员卡。

对于这类资源，其卖点在于租用比买合适。

（4）通过合作的方式出售资源。比如，你身边有一些人在出售自己的产品，那你也可以去卖他们的产品，然后和他们分成或者拿佣金。

对于这类资源，由于你自己的专业能力不足，自己做交付费时费力，短时间内也没有搭建生产线的能力，而通过合作的方式，可以大幅提升效率。

3. 提供情绪价值

自由职业赚钱的第三种商业模式，是提供情绪价值。如果你觉得自己实在没有什么技能和资源能拿得出手，为别人提供情绪价值也是一种赚钱的方式。

（1）情绪宣泄。比如，有人失恋了，想找人倾诉，你可以收费陪他们聊天，缓解情绪。这种方式不一定需要多强的专业性，更多的是耐心和时间。

（2）打卡陪伴。比如，有人想早起但起不来，你可以提供监督打卡的服务，督促他们起床。这种方式也不需要什么专业性，更多的是服务到位。

（3）情绪激励。比如，对方情绪低落，没有干劲，你可以给对方提供夸赞服务，让对方振作起来。像之前出现过的程序员鼓励师，就属于这种。压力大、焦虑、失眠等问题几乎是每个人都会遇到的，因此给别人提供情绪价值也可以赚钱。

3.3.2 4种变现方式

1. 做知识付费

1）做知识付费的好处

知识付费是一种低成本的变现方式。它不需要很长的周期去研发产品，也不需要前期投入大量资金，成本低、产品形式轻便，且领域广泛，很多人都能做。

知识付费是一种非常特殊的变现方式。它除了本身是能够变现的货物，还是一种具有提升别人能力的文化产品。如果你做知识付费，你就很容易吸引一批人的关注和追随。资源、注意力、人脉等都很容易跟着你走。哪天想找合作方，或者想再去公司上班，也都非常容易。

对喜欢学习且在意自身成长的人群来说，知识付费也是一种能够完美兼顾自我提升和赚钱的方式。在赚钱中学习，在学习中赚钱。

2）知识付费的主要形式

（1）资料类，直接给对方看的内容，如书籍、文章、资料包，等等。

（2）咨询类，单次的一对一解决问题，如教练、心理咨询、求职面试辅导，等等。

（3）课程类，通常以视频和PPT的形式呈现，完成体系化的内容和任务，如表达沟通训练营、小红书课程，等等。

（4）陪跑类，长周期、有针对性的一对一陪跑，如销售私教、个人IP陪跑，等等。

（5）社交类，以建立社交链接为主要导向，如活动、工作坊、社群、私董会，等等，这算是广义的知识付费。

在后面的章节中，我会给大家展开介绍这些方式。

3）知识付费的常见方式

你可以把自己做某件事的经验总结成课程，比如，求职应聘。

你可以针对某个技能、某件事做深度研究，总结方法论，比如，如何提升表达能力。

你也可以以对方的需求为核心进行个性化的定制、陪伴，比如，个人 IP 陪跑。

4）做知识付费可能存在的问题

在国内，知识版权的意识仍然普遍不高，很多人并不认为知识值得付费。

另外，由于知识付费准入门槛比较低，也没有统一的标准和规范的市场，因此产品良莠不齐，出现了很多品质不佳的产品，影响了整个行业的口碑。对于知识付费，社会上存在一些质疑的声音。

2. 接广告

1）接广告的好处

对初期不清楚自己变现方式的"小白"来说，最容易想到和做到的方式就是接广告。接广告最大的好处就是成本较低。不用自己交付产品，甚至不用做销售转化，只做好内容流量这一环节就够了。

同时，接广告的门槛也很低，甚至不用了解商业模式和闭环就可以变现。很多职场人士一开始做副业并没有想那么多，也没有做好路径规划，因此后面唯一能用的变现方式基本上就是接广告。

2）接广告的主要形式

（1）开通流量主。流量主通过帮平台获取流量来获得收入，而平台则用这些流量来卖广告赚钱。最典型的是公众号，它允许作者在文章底部插入广告。还有各个平台的流量分成计划，比如，字节跳动的中视频计划，等等。这类广告通常都是根据浏览量来计费的。

（2）在内容中植入广告。在自己的内容中插入商家的广告，以此来获得收入。比如，你在小红书做学习品类的内容输出，你写一篇文具合集，就可以在里面插一些文具产品的广告。这类广告的文案大部分是商家给定的，计费标准是根据账号的粉丝量等情况综合评定的，有一个固定的广告价格。

（3）撰写软文。自己写内容帮商家做广告。比如，同样是做学习品类的内容输出，这时你就需要根据商家的产品来写软文。这种广告的价格往往高一些，对账号的要求也比较高，通常耗时比较长，需要来回改稿。计费标准：有的会单篇报价，有的会根据实际的浏览情况来计算。

3）接广告的常见方式

（1）官方平台的对接平台。比如，小红书的蒲公英平台，抖音的巨量星图，你可以在上面接一些品牌方发布的任务，也可以自己报价，等着别人来找你。官方平台比较有保障，但是沟通方式受限，并且平台会收取一定的服务费。

（2）达人投放。很多品牌方会自行在平台上根据笔记、账号、关键词等寻找适合推广自己产品的博主进行投放。如果你的内容和某一产品比较契合，也会有品牌方联系你进行投放。通常，做的内容比较垂直的博主更容易受到品牌方的青睐。

（3）物品置换。这也是品牌方自行联系博主的一种方式。它不做费用的结算，而是通过让你免费使用产品来进行宣传推广，常见于图书、化妆品。一些中小品牌和中小博主之间往往会这么操作。

4）接广告可能存在的问题

现在自媒体行业已经比较卷了，品牌方可选的范围很大。头部博主报价很高，中小博主很难吃饱。通常来说，靠接广告赚钱比较不稳定，严重依赖品牌方，不容易变现，也很难形成规模。

另外，过多的广告植入会引起用户的反感，如果存在产品体验不好、假冒伪劣等情况，也容易引起口碑翻车。

3. 带货

1）带货的好处

带货是处于做知识付费和接广告之间的选择，相对来说比较平衡。它不需要自己提供产品，只需要卖别人的产品就行，所以比做知识付费的门槛和成本低。

它需要关注流量和转化两个环节，对于商业模式的渗透更深入，所以比接广告的难度稍大。

2）带货的主要形式

（1）卖虚拟产品。比如，前面提到的知识付费类的产品，如资料、咨询服务、课程等。

（2）卖实体货物。比如，美妆产品、图书、服饰、食品等产品。

3）带货的常见方式

（1）自媒体平台分销。比如，在自媒体平台开设小商店，商品挂车，在视频或者直播中推荐别人的商品进行分销获利。好处是比较省事，流程简单。

（2）私域带货。比如，在社群、微信朋友圈、线下门店等推荐别人的商品进行分销获利。好处是玩法更多，用户黏性更强，可以做长期的复购和沉淀。

4）带货可能存在的问题

只卖产品而不做产品，可能会因货物质量或者交付质量产生售后问题。用户对单纯的销售行为也比较排斥，推销方式若把握不好，容易令人反感。

4. 与机构合作

1）与机构合作的好处

成本比较低。与机构合作通常比较关注交付情况。对职场人士来说，可以安心打磨自己的专业内容，不用过多地操心流量、转化等，在职情况下与机构合作是比较好的选择。

机构给的价格通常也比较高，机构之间通常也会有人员的链接和推荐，与一家机构合作之后很容易有其他机构找上门与你合作。对刚开始做自由职业的人来说，与机构合作可以让他们有一个相对稳定的收入和心态。同时，在机构做过讲师，也可以成为一项拿得出手的专业背书。

2）与机构合作的主要形式

（1）做专职讲师。在机构中担任讲师，提供主体课程内容。通常会有助教、课程研发等辅助人员配合讲师工作。

（2）做B端培训。给公司进行员工培训，教授单次或者系列课程。这类通常单价较高，也会有比较明显的背书作用。

3）与机构合作的常见方式

（1）人脉链接。一般只有通过之前认识的相关人员或者熟人推荐，才有机会与机构合作。

（2）行业知名度。有自己的内容输出，做大型的演讲分享，将职位或头衔等挂在各个平台上，或者在业内很出名，这样就会有机构主动上门与你合作。

4）与机构合作可能存在的问题

与机构合作本质上仍然是给别人打工的模式，对商业的感知力较弱，自己没有实际做销售，所以仍然没有培养独立变现的能力。

3.3.3 6种低成本的变现方式

1. 个人IP

我们先举个例子介绍一下什么是个人IP。

A想去参加某明星的演唱会，但是买不到票，恰好你在朋友圈转让门票，于是A买了你这张票。对方之前并不认识你，买票也不是因为你有什么独特之处，纯粹是因为需要。这就是工具属性。

B想找个化妆品代购，市面上有很多人在做。但是因为你和B是大学同学，她觉得你挺靠谱的，于是找你买了。这时B有需要，对你也有一些信任。这就是既有工具属性，又有人的差异化。

C并不想买什么，就是喜欢你，看你卖啥她都想买。这时完全靠你的个人魅力和特质。

这个过程其实就是个人IP的打造。它会让别人更了解你，更信任你，更愿意为你买单。在这个过程中，你的IP属性、个人特质越强，你的带货能力就越强，差异化就越明显，你也就越值钱。

1）打造个人IP的好处和价值

个人IP的字面意思是个人知识产权，更好理解的说法是个人品牌。它是一种以你这个人为产品的个人形象的打造和展示，也是一种有影响力和吸引力的体现。一个好的品牌能够为产品销售大大加码，个人品牌也是一样的。

比如，你之所以会买苹果的产品，不仅仅是因为它的产品功能性强，更多的是因为你对这个品牌比较认可。一个好的个人品牌，同样拥有这样的魅力，无论你卖什么产品，别人都会因为信任你这个人而购买。请明星代言就是这个道理，每个有观众喜欢的明星其实都是一个大IP。

个人品牌的价值不仅仅体现在卖货上，还可以用来获取资源，获取机会和人脉。比如，你在职场上打造了自己的个人品牌，那么你的同事和领导就会认识你，你就有可能拿到好的项目，得到晋升机会。又比如，你在社交圈里打造了自己的个人品牌，那么别人可能会更愿意给你提供帮助，给你介绍好的资源。本质上，它是一种让别人信任你、关注你的机制。

此外，打造个人IP还可以帮助自己沉淀内容和自我成长，能够通过做自己和不断学习来吸引别人的注意，实现变现，这将是一种很舒服的赚钱方式。在这个过程中，由于信任建立在你这个人身上而非某个产品身上，因此即使你日后换个方向，也可以卖其他产品。

2）如何打造个人IP

关于如何打造个人IP，我的建议是你可以讲述自己的个人经历，让别人有所启发；你也可以展示自己的专业能力，让别人有所收获；你还可以表达自己的情绪，让别人产生共鸣；等等。任何一种能让别人关注到你，喜欢上你，对你产生信任的方式，都可以。

就像你喜欢一个明星，不一定是因为他长得好看，也不一定是因为他的演技好，有可能是因为他性格好、经历独特等。但总之，你喜欢他，肯定是因为他有某些突出的特质。

打造个人IP的核心是自我展示，即放大自我优势和特质。就算差不多的经历、差不多的领域，每个人的IP做出来一定是不同的，是个性化的。这也意味着你不需要在任何一个单一维度上去竞争，做你能做的，做你要做的，勇敢地展示自我，你就会吸引到别人。毕竟，没有一模一样的两个人，也没有任何一个人能在做自己这件事上胜过你。

3）个人IP的特质

很多人会问，打造个人IP和做自媒体、做产品、做人设之间的关系是什么？所有这些都可以是打造个人IP的手段和方法。就像一个明星,如果想要出名,他可以演戏,可以唱歌,也可以上综艺节目,甚至可以在自媒体上发文字、图片和视频。

对一个 IP 来说,做内容就像唱歌、演戏,它们是用来展示你的专业能力的。好的内容、好的产品,会帮你自动传播和吸引粉丝。而上综艺节目就像在打造人设,通过更多生活化的体现、更多的个人经历,给观众制造聚焦点和记忆点。

当然,个人 IP 并不等同于网红和明星,我们只是拿它来类比。一个大学教授、一个军人,甚至任何一个有个人特质的普通人,都可以是一个 IP。

有些人之所以觉得自己没有影响力,是因为他的特质不够突出,其实更多的是因为没有发掘自己的特质,也没有学会如何去打造和放大自己的特质。

2. 自媒体博主

1)做自媒体博主的好处

在网络平台上自主创建并运营账号,通过发布内容来聚集粉丝并产生个人影响力和品牌效应的人,通常被称为自媒体博主。自媒体博主生产的内容包括图文、视频、直播等形式。

自媒体是现在各行各业绕不开的流量获取渠道。做自媒体博主,不仅可以提升自己对自媒体的感知能力和技术水平,还可以在找工作时给我们加分,与人合作时也更有优势。同时,做自媒体还可以积攒粉丝量,让我们获得更多人的关注。

2)做自媒体博主的主要变现方式

(1)在内容中植入广告。这是自媒体博主最典型的变现方式。这种方式通常是先生产内容,而后植入广告进行变现。注意,内容垂直的博主,比较容易接到广告订单。情感类、热点类内容,虽然起量快,但不容易变现。

(2)分销带货。这种方式通常是先看好要卖的产品是什么,而后有针对性地围绕产品进行内容生产。

(3)售卖自己的产品。这种方式通常是先有完整的商业闭环,而后去自媒体平台获取流量。对于这种方式,最重要的是商业模式要清晰。严格来说,这类博主不算纯粹的自媒体博主。这种方式也通常会有从自媒体向微信引流、运营账号等更加复杂的操作。

3)做自媒体博主可能存在的问题

做自媒体需要关注数据,容易产生数据焦虑,整个人会处于很浮躁的状态。

做自媒体需要面向大众做内容,无法做到自己想写什么就写什么,需要在一定程度上满足大众的需要。对本身走专业路线、喜欢讲干货的人,以及很在意表达自我的人来说,可能会产生一些困扰。

另外，自媒体的受众参差不齐，都是线上的，又是不熟的人，自媒体博主的某些言论容易遭到恶评和谩骂。因此，做自媒体博主需要强大的心理素质。

3. 咨询师

1）做咨询师的好处

咨询师不需要提前准备产品，只需通过一对一咨询，现场解决问题即可，成本较低。尤其对刚开始做知识付费的人来说，花几个月时间准备一个产品，可能效果不好还白费工夫，相比较来说，给人做咨询就轻便得多且容易启动。

咨询师通常需要专业技能，也十分考验临场处理问题的能力。在这个过程中，你可以沉淀和提升自己的专业技能，对问题有越来越深的理解，对用户有更多的了解，也会提升你的沟通能力和影响力。

2）做咨询师的主要变现方式

咨询师通常按小时收费。一个完整的咨询通常分为咨询前的问题收集和调研，咨询过程中的沟通和问题回答，咨询后的方案出具、答疑等。除了咨询过程中的沟通和问题回答，前后期的工作都是非必需的。

咨询师最常见的变现方式是在自己的私域中进行招生，也有一些咨询师通过自媒体平台拓展流量，或者在类似的平台获取客源。

3）做咨询师可能存在的问题

咨询通常是一对一进行的，比较耗时间。承接的客户数量多了之后，咨询师会非常累，尤其对性格内向的人来说。

另外，一天中能够用来接待咨询的时间也有限，想要提升变现能力，就需要搭配其他变现方式。

4. 教练

1）做教练的好处

教练是一种支撑性角色，可以激发对方的潜能，陪伴对方一同成长。在这个过程中教练会非常有成就感。相比于其他类别，它能够和对方建立深度的关系。

另外，做教练有可能会接触到很多高质量的人脉，因此，做教练这个过程本身也非常有收获。

2）做教练的主要变现方式

（1）教练和咨询师很像，目前很多市面上的××教练，其实指的就是咨询师。但严谨来讲，教练指的是通过引导和提问，激发学员自己找到问题的答案，而非咨询师式的直接回答来解决问题的形态。最常见的有人生教练、高管教练等。这些教练可以帮助学员探索自己的人生使命和愿景，探索团队和业务模式等。

（2）和咨询师类似，教练也是通过一对一沟通的方式来工作的，通常也按小时收费，也包含前期的问题收集和调研，过程中的沟通和引导，后面的结论和梳理等。常见的获客方式包括私域招生、自媒体招生、平台挂靠等。

（3）做教练可能存在的问题

做教练的话，前期学习的费用比较高，周期也比较长，投资回报率相对来说不是很高，很多人做了很长时间也赚不回学费。

教练多采用引导的方式，而非回答问题的方式。如果对方不适应这种方式，或者没有很强的感知力，可能无法达到理想的效果，会让对方觉得没有解决实际问题，导致对教练产生不满。

5. 保险经纪人

1）做保险经纪人的好处

严格来说，保险经纪人是一种介于自由职业和上班之间的状态。大多数保险公司会有上级领导来带，会有培训，但又不需要上班打卡。

保险经纪人有比较完善的产品体系和销售体系，不用自己考虑要卖的产品，也不用自己去想怎么做产品介绍，相对来说保险公司的支撑体系比较完善。

从理论上说，保险是所有人都需要的品类，受众比较广，且容易成交。

2）做保险经纪人的主要变现方式

保险经纪人通常是通过给用户配置保险产品来赚取佣金的。保险产品包括意外险、医疗险、寿险等保障型产品，也包括年金险等高端金融产品。

保险经纪人通过先和用户建立信任关系，深入了解用户情况，而后售卖保险产品的方式完成变现。保险经纪人提供的服务包括售前咨询、保险配置、合同签订、售后理赔等环节。

3）做保险经纪人可能存在的问题

保险经纪人需要学习很多与保险产品相关的知识，前期的学习成本很高，并非所有人都能做到。

传统的保险行业口碑很差，一提到卖保险，很多人都有戒备心，会戴上有色眼镜，甚至会影响自己正常的社交关系。

保险从业者众多，虽然未达到饱和，但竞争也较为激烈。以销售为导向，保险公司内部会有销售业绩排名，每天看到别人的优秀成绩容易产生焦虑感。

另外，成交的周期通常比较长，而且由于行业特性，往往需要和用户进行大量的高强度的沟通，不喜欢和人打交道、亲和力不够强的人做这个行业可能会比较痛苦。

6. 实体店

1）做实体店可能存在的问题

实体店其实并不适合职场人士，但是很多人感兴趣，梦想开个奶茶店、餐馆、咖啡厅，所以我在这里也稍微说明一下。

很多人觉得开店很挣钱，其实它们的成本也非常高。

实体店最大的问题就是性价比低、风险高。租金、人力、物料都非常贵，而且受限于地理位置，无法大范围吸引顾客。一旦遇上特殊情况，很容易出现资金链断裂，因此实体店往往也是赔钱的高发地。

而且，不管你每天有没有生意，一睁眼先要支付高额的成本，非常容易焦虑和心态不稳。

如今，很多实体店的生意都通过自媒体平台来做，可以降低风险。比如，同样是卖衣服，不一定非要开一个实体店，可以直接在网上卖。奶茶、咖啡等也可以通过自媒体平台售卖或者以和别人合作的方式售卖。

2）做实体店的主要变现方式

（1）开加盟店。加盟某个连锁品牌，通常会有总部提供培训服务、产品等，看起来比较省心。但是，目前市面上的加盟店良莠不齐，有的根本不赚钱。

（2）自己开店。例如，开奶茶店、咖啡厅、服装店、餐饮店、桌游店等，自己完成全链路的工作。自己开店通常需要有合伙人，或者招聘员工为客户服务。

3.4 打造你的商业模式

3.4.1 商业模式的搭建

一个商业模式，简单来说就是由产品、流量、转化三端组成的。每一端都有不同的切入方式，把它们拼凑起来，就是一个完整的商业模式。如图 3-2 所示，每一端都可以根据阶段来划分。下面，我们依次看看这三端分别有哪些切入方式，以及如何搭建各端。

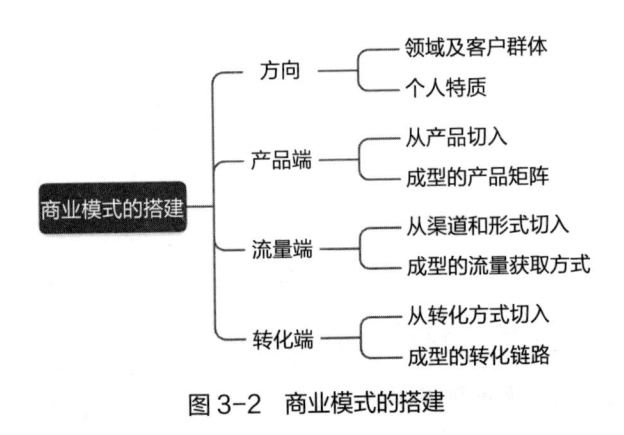

```
                    ┌─ 方向 ──┬─ 领域及客户群体
                    │         └─ 个人特质
                    │
                    ├─ 产品端 ┬─ 从产品切入
                    │         └─ 成型的产品矩阵
  商业模式的搭建 ───┤
                    ├─ 流量端 ┬─ 从渠道和形式切入
                    │         └─ 成型的流量获取方式
                    │
                    └─ 转化端 ┬─ 从转化方式切入
                              └─ 成型的转化链路
```

图 3-2　商业模式的搭建

1. 产品端的搭建

如何选择适合的产品？要考虑 3 个问题：

第一，对不同的人来说，有不同的产品。

比如，你的个人 IP 很强大，即使你代销产品，也能建立个人 IP。

又比如，你的爱好是学习新知识，你对卖东西不感兴趣，也不喜欢把自己觉得好用的东西推荐给别人，那么对你来说，去推销产品未必适合。

再比如，你喜欢和小圈子里的人深度交流，面对太多人，你会有压力，那么意味着你更适合小容量和低运营成本的产品，比如做陪跑就很适合你。

第二，对不同的领域来说，有不同的产品。

比如，你在美妆领域，那么做实物产品和虚拟产品都可以。但如果你在时间管理领域，那么做实物产品就要比做虚拟产品效果差很多。

注意：如果产品和领域不匹配，你做起来就会非常吃力。

第三，对不同的阶段来说，有不同的产品。

比如，对于一个在职人士，你在一个新领域刚起步，经验不足，你也不确定自己的方向对不对，而且你的时间和精力也不足，这时你就不适合做成本很高的产品，更适合做轻产品。

又比如，做到一定阶段的时候，你大概率不会只销售单一产品，而是会做产品矩阵化的设计。

产品的选择是个人特质的一部分，有效的产品设计，能够完美匹配你的 IP 形象。比如，我自己就很适合做陪跑这种产品。我会在讲做陪跑产品的时候，展示我在这个小圈子里深度交流的特质，我也会讲想要真正做成 IP，更需要陪跑服务这种更有针对性、更长期的产品，这样就会更协调，也更可信。

再比如，我的一个学员想做实物产品代销，我就告诉她，要突出自己有热情、喜欢给别人介绍好用的产品、乐于助人的这些特质。

2. 流量端的搭建

如何选择最适合的平台？需要考虑 5 个因素：

（1）你的个人特质。如果你是一二线城市的白领女性，那么在小红书上做更容易成功，在快手上做可能就不太适合了。

（2）你的目标群体。如果你做的是一二线城市潮男潮女的生意，那么你去抖音和小红书做，效果会很好，在快手上做就不太适合了。

（3）你所在的领域。如果你是做娱乐赛道的，去抖音就很适合，但如果是做成长赛道的，那就很难了。

（4）你拥有的技能。如果你的镜头表现力和剪辑水平很差，那么你做微信视频号，做抖音、快手可能都会很吃力。如果你的逻辑能力很强，擅长写长文章，那么知乎和微信公众号可能更适合你。

（5）你的时间状况。做自媒体，一定要有量才行，所以时间成本一定要考虑进去。整体来说，对于普通的职场人士，我建议先从小红书的图文开始做起。

你花一周时间剪辑出来一条视频，一个月才能发4条，一旦数据不好就很容易坚持不下去。但同样一个月，你做小红书图文，可以发30篇，你就能很快摸到流量的"命门"。

3. 转化端的搭建

转化端包含两个要素：一个是触点，另一个是成交点。触点是加深信任的契机，成交点是最后成交的那个瞬间。

需要考量的因素有以下5个：

（1）你的个人特质。如果你是喜欢和别人聊天的人，那么一对一的场景可能更适合你。但如果你和别人私聊感到压力比较大，那么这种方式就不适合你。

（2）你的目标群体。比如，群发这件事，对一二线城市的高知人群来说，很多人看到群发消息后会直接屏蔽、删除好友。

（3）你的产品特质。如果是展示性和效果性比较强的产品，比如，化妆品，用视频去售卖或者线下促销，就比文字图片展示更有优势。

（4）你拥有的技能。如果你的演讲水平很高，那么开直播或分享会等形式就更加适合你，没有演讲能力的人做起来就会很费劲。

（5）你的时间状况。如果你没有那么多时间，一上来就做高成本的项目一定不行。

3.4.2 不同的副业有不同的商业模式

任何没有收益的商业模式和通畅变现链路的副业，都先不要盲目尝试。

做副业不需要预热，每一个动作，都能帮你建立信任和获取商业价值。它也不需要前期招聘任何人，一个人就能玩得转。不过，前提是要把商业模式设计好。

上一节说到，设计一个商业模式需要考虑 3 个问题：

（1）你的产品是什么？（产品端）

（2）你如何让用户认识你？（流量端）

（3）你如何让用户为你付费？（转化端）

市面上有无数成型的答案和成型的链路，但是我想说一个反常识的事：很有可能大部分成型的链路，你都做不成。

比如，微商的传统玩法是大量参加活动、认识人，大量加群加好友、群发、私聊，不断加深关系来实现转化。但是于我而言，社交、聊天都不是我擅长的，我只能做到及格，和别人竞争这些肯定不行。而且，一个一个去聊，我觉得太浪费时间，效率也比较低。时间全花费在应付各种人和信息上了，完全没有做自由职业的幸福感。

如果你是一个成型的商业团队，那么你只需要学策略，去执行就够了，因为你有足够多的人手和时间，总会找到能落地的人。但如果你是一个人，尤其还在职，你就一定要考虑自己的接受能力和特质。所以，我给自己定的商业模式是靠内容吸引人，靠价值混圈子，靠能量做成交。

我不想一直和别人聊天，但我可以让其他的东西替我说。我只说一次，就可以重复让人听到。基于这个理念，我的被动成交链路就是：用内容做获客，用产品做信任，用活动做转化。

所以，我最近成交的几个典型路径是这样的。

用户A：4月，他在一次线下分享会上加我为好友，并持续关注我的公众号和朋友圈。5月，他再次参加我的线下分享活动，第二天直接打款。从认识到转化，我们没有单独说过一句话。

用户B：4月，他在一次社群分享会上加我为好友，并持续关注我的公众号和朋友圈。5月，他看到我的某篇文章后被打动，直接打款。从认识到转化，除加好友时的自我介绍，我们之间没有任何其他沟通。

用户C：3月，他在一次线下活动中加我为好友。当天加入我的社群，之后每天看我的分享并积极互动。4月，他在一次社群分享活动后跟我私聊，后来直接打款。从认识到转化，只有在线下活动中聊过几句，转化前又聊了几句。

我成交的所有用户，几乎都遵循着这样的路径：① 通过内容（包括线上、线下的分享），如微信公众号和小红书的内容让用户认识我。我用他们感兴趣的话题和我的亲身经历，吸引潜在用户主动找到我。② 通过朋友圈和公众号内容，或者买我的一些小产品，解决一些小问题，让他们持续关注我。③ 通过直播/线下活动/发售/促单等活动，制造场域能量，促进成交。

这种路径是通过内容和活动来促进成交的。我认为，这样效率会比较高。

做副业是一件很个性化的事情，没有那么多定式和成法要遵循，怎样做效果最好，就怎样做。你可以去对标市场上同领域其他人的做法，看看究竟有哪些可用的商业模式，然后从里面挑选适合的。这里，有2个标准：

（1）对方和你的经历、特质类似。这时候，相当于你在模仿他，重复他走过的路，那么你大概率也能拿到结果。

（2）自己内心不反感。比如，对很多人来说，十分讨厌群发、私信骚扰等行为，那你就不要去选这种路径，一定要自洽才行。

3.5 深度拆解案例：手把手教你打造商业模式

3.5.1 案例一：工作10年的职场人士把工作技能变成了吃饭的家伙

我的学员柿子姐，是一名有10多年工作经验的产品经理。由于感受到了职业危机，因此她想要发展第二职业。同时，作为一名母亲，她想更好地兼顾事业和家庭。于是，她开始尝试做副业。

一开始，她利用业余时间做了个视频号，名叫"柿子姐说产品"，把自己做产品经理的日常，以及工作中遇到的一些问题，拍成视频发出来。很快，她的单条视频就突破了百万次播放量，她的账号也成了视频号金V账号。

于是，她出版了一本书《视频号高阶运营》，并成功把它打造成了畅销书。后来，她开始和机构合作，业余时间还承接视频号和产品经理领域相关的课程，打出了一些名气。在这基础上，她正式辞职。全职帮助别人打造视频号，用产品化思维帮助实体老板做以自己为中心的互联网产品，帮助他们策划选题、拍视频。

对柿子姐来说，她选择了一种非常稳妥的商业模式：第一步，以主业为延伸，做一个自媒体账号，扩大自己职场外的影响力。第二步，通过积累到的资源和影响力，做产品变现。和机构合作，减轻自己的招生压力，跑通副业变现。第三步，正式开启自由职业，实现更高维度的人生价值。

她走的是一条非常典型的职场人士转型做自由职业的路径。尤其对工作时间较久、经验更加充足的职场人士来说，首先用突出的专业技能提升自身的影响力，通过自媒体账号获取公域流量；然后将副业变现，完成交付；最后，辞职成为自由职业者，自己全方位做好产品、流量、转化三端。这是一种非常不错的商业模式。

3.5.2 案例二：她工作 5 年，对工作厌倦，从头开始开创自己的事业

我的学员牛牛，是一名工作 5 年的互联网企业骨干。作为

职场卷王，又能抓住时代脉搏的她，5年升职加薪8次。按道理说，她已经是职场中的佼佼者，但她依然非常焦虑，感觉卷不过年轻人，也没有更多的发展空间。所以，她毅然决定放弃职场，从头开始做自由职业。

她是那种典型的做什么就能成什么的人。虽说想做什么都能做得不错，但她并不知道自己内心真的想要什么。

作为一个很喜欢分享和记录的人，她的生活非常丰富，她有不少粉丝。虽然他们没有给她付过费，但是都愿意靠近她。于是，她从比较容易变现且自己也比较擅长的轻社群开始做起，第一次推销产品，就成交了几十人，实现了四位数的变现。随后，我和她做联合招生，帮助她实现了变现五位数的突破。

在此基础之上，她发挥自己粉丝众多的优势，开始推出自己的职场陪跑产品，并且和身边人一起逐步打造了多个垂类产品，并将它们集合在一起做成了一款专注帮助职场人士提升基本功的产品，叫作"人生银行"，涵盖优势发掘、商业探索等诸多板块。五个月的时间，她成功变现了六位数。

牛牛的商业模式是一条和柿子姐截然不同的道路。她并没有一个特别明确的定位，而是利用自己的优势和吸引力，去满足身边人的需求。第一步，通过分享内容和生活日常，搭建好转化端。虽然暂时没有产品，但是粉丝对她的超强信任力使这群人随时准备被转化。第二步，通过一个轻量的小产品，快速完成商业闭环。第三步，搭建好产品体系和引流转化体系，打造完整的商业模式。

如果你也是那种工作了一段时间、没有特别突出的技能，同时兴趣比较广泛但不是特别专注的类型，那么你就可以先做转化，积累信任，而后通过多个品类实现变现，这也是一种不错的选择。

3.5.3 案例三：毕业仅半年，副业收入超过了主业

我的学员丸子，从学生时代就开始做副业，毕业后考上了公务员。毕业半年后，她的副业收入就超过了主业，而后辞职，成为自由职业者。

丸子属于非常好学的类型，在上大学期间，她就很广泛地参与各种活动，拓宽了自己的见识。毕业前，她其实也纠结过，是直接做自由职业者，还是先上班再徐图后计。她很想做自由职业，但是又担心自己的商业视野不够宽阔，经验不够。毕竟，那时候的她还没有正经的可持续的副业。

她一开始做的是保险经纪人。保险这个行业需要学习很多专业知识，而且年纪大的从业者相较于新手有非常显著的

优势。但是,她形成了自己独特的风格。通过多为别人考量、更长期地陪伴客户的方式,在时间的积累下,她打动了不少客户,很多人都选择找她买保险。

后来,她在自己考研的过程中,开始通过在小红书上写笔记来记录生活,并成功吸引了很多也想考研的人。于是,她开始做考研的咨询辅导工作,并持续更新自己的小红书账号,写出了不少爆款笔记,同时也成功转化了不少客户。

毕业后,她深耕小红书,主要服务于身边的大客户,给一些有产品但缺少流量的客户做咨询。慢慢地,她做出了一些成功案例,随后便拥有越来越多的客户。

作为一个看起来综合素质不错,但没有特别突出技能的大学生,她一直在积极寻找机会。她的经历,对于很多大学生、职场人士,也非常具有参考性。当自己的专业技能不足的时候,不要着急变现,而要先解决别人的问题,提供价值,建立信任,而后再磨炼自己的专业技能,逐步实现变现。

第4章 自由职业1~10阶段,如何实现稳定可持续发展?

自由职业实现了从0~1的突破后,你一定会迎来一个新的问题:我的变现和成功是不是偶然的?我该怎样实现收入稳定,如何让收入可持续增长?这一章,我们就一起聊一聊这个问题。

4.1 如何搭建稳定的收入体系

4.1.1 什么是稳定的收入?

以我为例,如图4-1所示,左边是我的打工收入曲线,右边是我的自由职业收入曲线。左边的曲线平稳上升,但是增速很慢。右边的曲线波动很大,但是螺旋式上升,增速很快。

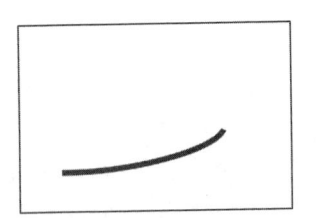

我的打工收入曲线

平稳上升,但增速很慢

我的自由职业收入曲线

波动很大,但增速很快

图4-1 我的打工收入和自由职业收入曲线

如果你对稳定收入的定义是，每个月收到固定数额的钱，那么从事自由职业是不可能实现这种稳定收入的。你若抱着这种预期，只有上班才能实现。自由职业的收入曲线是非线性的，正常的轨迹是可能某个月赚到了全年的一半收入，剩下几个月淅淅沥沥会很少。

大家可以去看看各个公司的财务报表。有哪个公司能一年连续12个月营收额相同？自由职业也是一样的。自由职业和打工是两种不同的赚钱方式，对它们抱有同样的期待是不太现实的。这需要我们调整思维。

你可以尝试停下来去问自己一个问题：我追求稳定的目的到底是什么？无非想要一些掌控感和安全感而已——知道自己是饿不死的，是能持续赚钱的。既然如此，我能保证自己饿不死，能持续赚钱，就够了。我充分相信自己，并且很清楚这个游戏是怎么玩的，手也能跟得上，那就行了。我把这个称为"内稳性"——内在的稳定性。至于收入数字上是不是真正的稳定，就不那么重要了。

4.1.2 如何建立稳定的收入体系？

1. 丰富的经验和手感

假如你是一个很有经验的运动员，你今天要参加一个比赛。平常这个距离你跑 4 分钟，而今天因场地不同、状态不同、选手不同，你不能确定自己跑多长时间。但是你大概知道，你要用什么样的状态去跑，前半段如何跑，后半段如何跑。你知道如果自己快被追上了要怎么办，有点累了怎么办。所以，虽然你不知道比赛结果，但是你心里并没有那么慌。

这种底气就来自丰富的经验和手感——做什么样的事情，可以获得什么样的结果。如果对这件事有明确且靠谱的预期，你就会很有把握。

自由职业也是这样的。如果这个月收入不太高，那么下个月你可以补发几条什么样的朋友圈，或者你可以做一场营销活动来拉平收入。如果你发现自己推的这个产品卖得不太好，那么你可以用一些什么手段，或者你知道怎么把它调整过来。如此一来，你的内核就是稳定的。你的收入，也是可以被调节的。

那么，如何获得这些经验和手感呢？所谓的手感，很多时候就是一层窗户纸。你捅破了，就知道了。

具体怎么做呢？

第一，建立自己的审美。多看一些美好的人和物，把美好的事物刻在脑子里。

第二，模仿他人。最好的模仿是近距离向他人学习。

第三，实战迭代。通过大量的刻意练习，把这些经验和手感练出来。

2. 通过做事和造势，建立稳定的状态和预期

还是以跑步为例，即使你知道所有的技术操作，但是你好久没练了，大脑若跟不上身体，啥技巧也使不出来。搞自由职业也是如此。如果你已经好久没在大家面前出现，大家都不记得你这个人了，之前积攒的信任和感情也都淡了，那么就算你知道技巧，也没办法发挥自己的能量。

只有平常的积累足够多，需要的时候才能爆发出来。你平常啥也不发，突然发个什么东西，肯定没人理你呀。别人做营销，你也照做，为啥你就达不到人家的效果？因为他平常的动作你没照做呀。人家天天写内容，和用户沟通，一直在做事，而你只做了这两天。那效果能一样吗？

另外，也不能走进另一个极端，不能整天只知道闷头做事，也得通过不断做事，提升自己的能力层级和技术水平。这个过程就相当于把你积攒的势能释放出来，让自己一下子就到达下一个台阶。让人们看到，你在不断成长进步，你越变越厉害。于是，别人才愿意持续地为你买单，靠近你。

你的收入来自用户的信任。别人对你有稳定的预期，你也有稳定的状态。这才是拥有稳定收入真正的核心。

3. 有必胜的决心

很多事，不是你不会，也不是你不能，而是你自己信心不足放弃了。这么说可能有点玄乎。我给大家举个例子。

我们之前开线下课程，一开始，就是正常发一条推文招生。招了几天之后发现人还是有点少，这个时候我就在朋友圈和社群里继续招生。结果，人还是有点少，于是我就让已经报名的人也发朋友圈，一起宣传推广。最后，我还搜索了附近的人，加好友，定向邀约。

大部分人做完第一步，发现情况不好，可能就放弃了。但是，我没有，我就这么一步一步走下去，不达目的誓不罢休，最后我就做成了。

这里，一部分是靠经验，你知道这样做是有效的，另一部分是靠心力，不是没达到预期就结束了，而是想各种方法做成它。这个稳定性，就是你对自己和业务的理解所塑造的。因为你知道自己肯定能做成这个事。

4.2 如何获取潜在用户，不断补充新鲜血液

4.2.1 答疑解惑：回答 3 个问题

1. 粉丝量越大，赚的钱就越多吗？

不，粉丝量和赚钱能力并不成正比。很多人觉得，粉丝量上去了，自然就能赚到钱，于是想着涨粉做爆款产品就够了。我认为这个想法的底层逻辑是有问题的。

在自媒体 1.0 时代，由于好内容不多，大家对自媒体的认识也不充分，再加上平台有各种各样的激励计划，商家能选择的广告投放对象也不多。这时候，粉丝量大，变现就多。但现在，供需关系已经发生了很大变化。几乎人手一个自媒体账号，好内容、好博主层出不穷，而商家也越来越缺钱。相应地，商家更加挑剔了，选择权也更多了。光有粉丝量也不行了，商家看的是实际效果。所以，这时候的营销模式，能不能出效果，才是关键。

2. 一个能赚钱的自媒体账号长啥样？

前一阵子，文心一言项目的推广人员，来我们社群找博主做投放。如果你是这个项目的负责人，你想找什么样的博主呢？A 是一个情感类博主，有几十万个粉丝。B 是一个 AI 学

习类博主，有几千个粉丝。你更愿意投给谁？

投给 A，可能观看量很高，但是大家都是看个热闹，看完就走了，没有人购买。投给 B，可能没多少人观看，但是其中大部分人都在学习 AI，一看内容挺好的，都来跟着用一用。

这就是垂直账号的威力。看着不显眼，但谁做谁知道。经常有人问我，你这账号每天的阅读量也不大呀。但是，它能变现呀。粉丝量、阅读量，看着虽好看，但变现能力不行。能变现，才是实实在在的能力。

3. 如何打造一个能赚钱的账号？

如果你的账号粉丝量很大，但赚不到什么钱，这往往是因为一开始你没想清楚你的商业模式。你的这个账号要吸引什么人群？你要给他们提供什么价值？你有什么产品能卖给他们？你可能想着先做起来，等有了粉丝量，再考虑怎么变现。这样做往往都会失败。

当你的粉丝量和阅读量都上去时，你也已经被流量和用户裹挟了。他们想看什么，喜欢什么，已经被固定下来了，由不得你想发什么就发什么。你会发现，这时候你想卖点产品，很难。商家一看你的账号不精准，也不愿意再找你。这时就非常尴尬了。

所以一定要在开始之前，先设计好商业模式，你有什么产品要卖,你的目标用户是谁,你发什么样的内容才能吸引这群人。我有个学员,他只有几千个粉丝却能变现五位数,就是从一开始他就想好了要卖什么,怎么卖,发什么内容。只有这样才能产生这种效果。

账号不能变现的朋友,大多数是一开始就没有设计好商业模式。他们不知道要卖什么,也没有商业模式,就想着先做自媒体试一试。虽说这样做比啥也不干要好很多。但是,如果你真的想变现,还是要好好设计一下商业模式。

4.2.2 获取流量:9种获取方式及相应的人群

1. 通过活动获取流量

1)通过活动获取流量的优劣势

粉丝活动尤其是线下活动,由于非常有深度,一次可能顶得上线上聊无数次,因此一定要利用起来。能参加粉丝活动的这些人是最容易认可你,愿意为你买单,愿意和你交换资源的。不过,粉丝活动通常人数相对比较少,尤其是线下活动,受到地域限制,每次活动的人数可能会很有限。而且线下活动的成本也比较高,相对来说,它的性价比没有那么高。

很多人没有加好友的意识,觉得好麻烦,以后可能也没什么交集。但是如果你真的想做自由职业,一定要注重积累人脉，尤其是那些在职场外认识的人。在未来，往往就是那些不确定在哪里认识的人，会带给你很多的帮助。

2）通过活动获取流量的常见方式

第一种是参加活动。参加别人组织的活动，和别人交流，添加好友，以后联系。对新手小白来说，如果你没有太多的地方去认识人，那么参加活动就是一个不错的方法。线上的引流获客需要技术，线下只需要真诚交往，一般来说效果不错。

第二种是交流分享。在活动上进行分享，可以让更多人注意到你。比较适合 IP 类、平常演讲较多的人，这种方式比单纯地参加活动更有效。这一类人需要平常和主办方打好关系、体现出自己的价值，只有这样别人才会邀请你。

第三种是做活动的志愿者，帮助主办方组织活动。如果你没有达到分享的水平，你也可以主动去帮一些小忙，一般来说，没有人会拒绝别人主动帮忙，这样也能更快让大家认识你。

第四种是组织活动。自己组织一场活动，全流程都由自己控制，肯定是展示自己、结交朋友最有效的方式。不过，通常来说，组织活动会比较辛苦，也需要自己有一定的积累。

2. 通过自媒体获取流量

1）通过自媒体获取流量的优劣势

自媒体是效率最高的流量获取方式，一次产出能够被无数人同时看到，一旦出现爆款内容还可以获得巨大的流量，甚至一下子出名。自媒体获取流量的效率可以说是非常高的。

但它也有一个十分显著的劣势，就是用户质量良莠不齐，容易出现信任危机。出圈的内容在吸引一批追随者的同时，也一定会吸引一批批评者，并非所有人都能接受每天被很多人评论甚至辱骂。

同时，有很多网友认为反正也不认识你，也没有共同的圈子，怎么评论你都无所谓。这样就会导致来自自媒体的流量很多时候十分低质，转化和维系的成本也都很高。

2）通过自媒体获取流量的常见方式

第一种是图文输出。常见的有微信公众号、小红书、知乎等。图文输出的方式效率比较高，比较适合新手小白和成熟团队，也适合对出镜比较抵触，怕被人认出或者镜头感不好的人。目前来说，输出图文仍然可以获得巨大的流量，部分平台甚至还有阶段性的扶持计划，不一定非要做视频。

第二种是视频输出。常见的有抖音、微信视频号、小红书等。视频的信任度比图文高，制作成本也比图文高，适合有经验的自媒体人，以及比较能说、长得好看、说话幽默的几类人。对职场人士来说，初期不要轻易尝试输出视频，因成本过高很容易导致无法持续更新，没有效果。

第三种是直播输出。常见的有抖音、微信视频号、快手等。直播是信任度最高的输出方式,往往常见于成熟的 IP 在已有稳定的客群基础上进一步拓展流量。

第四种是音频输出。常见的有喜马拉雅、小宇宙等。音频是比较沉浸式的输出方式,往往适用于有深度的话题,就像和主播聊天一样。音频通常的使用场景是通勤途中、开车途中、睡前,收听的时长一般比较长。

3. 通过社群获取流量

1)通过社群获取流量的优劣势

社群往往是由一个圈子、一些共同的人脉维系的,相比于纯粹的自媒体平台,其信任度会更高,相比于线下活动,其人数也会更多。社群获取流量的效果处于自媒体和线下活动之间。

通过社群获取流量最重要的是注意获取方式。第一,不要无差别地扫群,把所有人都加为好友;第二,不要批量加好友;第三,不要在群里发广告、发资料包。这样很招群友反感,可能会被人举报。否则,即使加了好友,大家都对你很抵触,也没有用,反倒坏了自己的声誉。友好真诚地链接别人,永远是人际交往的前提。

2)通过社群获取流量的常见方式

第一种是内容输出。在群里发表自己的观点,做分享,通过提供价值或者专业内容，让其他人看到你。

第二种是积极互动。当别人发言的时候，给别人捧场，提建议，聊天，都是有效的链接方式。你和别人积极互动，别人自然也会注意到你。

第三种是当志愿者。当志愿者和参加活动类似，也是给大家提供服务。可以做一些力所能及的、能帮助别人的小事，比如，整理资料、梳理信息。还可以组织一些活动，促进大家交流，等等。不过，记得先征求组织方的同意，不要私下带走对方的流量。

4. 通过转介绍获取流量

1）通过转介绍获取流量的优劣势

转介绍是信任度最高的认识别人的方式之一。有了第三方的背书，对方会很容易对你产生信任。尤其是在这个人和介绍人的关系很近，非常信任对方，或者对方本身很有地位的情况下，这种转介绍就更有价值了。

转介绍最重要的就是自己的产品质量要过硬和信誉要好。别人帮你推荐产品是在使用自己的信誉为你背书，一定不要打了介绍人的脸。转介绍是非常强大的传播利器。但对于前期来说，实现转介绍往往比较困难。

2）通过转介绍获取流量的常见方式

第一种是自发传播。打造好的产品和机制,形成口碑效应。这种往往需要一定的用户量级,交付过程也比较重要。

第二种是主动找人帮忙传播。如果没有办法形成自发传播,那么你也可以主动发起。比如,找一些关系比较好的人,以及一些体验过你的产品的人,帮你转发和介绍。

第三种是找人带你。比如,找到一些比较有能量的人,让他们带你去一些场合、给你介绍资源,这种方式往往可以达到很好的效果。不过,比自己有能量的人往往不会随便帮别人的,要么你们关系好,要么你帮过对方的忙,要么你就给对方付费。

5. 通过裂变获取流量

1)通过裂变获取流量的优劣势

裂变相当于升级版的转介绍,也是通过推荐的方式获取流量,只不过是在短时间内通过推荐的方式获取大量的用户,这种方式往往需要更完善的策略和机制。常见于各类教育机构、比较成熟的公司或团体。

裂变最大的优势就是速度快、效率高,是变现和迅速传播的利器,但一般需要比较强大的运营体系,新手小白很难产生裂变的威力。

2)通过裂变获取流量的常见方式

第一种是靠猎奇来传播。比如,一些火出圈的大事件,或者产品本身比较有特点,且契合了当时的场景,于是得到了迅速传播。这种方式对产品的要求非常高,需要精准把握用户的需求和市场的情况,同时也有比较大的运气成分和偶然性。

第二种是靠运营机制来传播。比如,非常常见的转发可以领取礼品或可以免单之类的。这种方式现在在很多餐厅、教育机构仍然十分常见。同时,它们还会使用很多宣传策略作为辅助手段,促进裂变。不过,这种方式前几年比较流行,现在由于不少用户产生了审美疲劳,效果减弱了很多。同时,大家对纯营销的方式也比较反感。但在特定人群中仍然非常好用,比如,宝妈、下沉市场人群。

6. 通过社交获取流量

1) 通过社交获取流量的优劣势

社交是一种完全主动出击的获取流量方式。如果你目前处于早期资源不丰富的状态,这会是一种比较好的方式。

通过社交获取流量这种方式特别适合性格外向、喜欢和人打交道的人,尤其是那种有突出的社交魅力、很容易被人注意到的类型。但对于偏内向的人群,这种方式就要少用,否则可能会消耗大量的能量。

通过社交获取的流量,由于有共同的圈子,用户的信任度会比较高,但是这种方式到了后期同样也会显得效率低下。

2）通过社交获取流量的常见方式

第一种是自己组局。自己弄一个场地，让大家带自己的朋友过来。这样互相之间就都认识了，可以以此来拓展人脉。

第二种是搞好气氛。你非常会搞气氛，把各种活动搞得热热闹闹，大家都很开心。相应地，当别人搞活动时也愿意拉着你一起搞，你就可以有更多的机会去拓展人脉。

第三种是多去交际。认识的人特别多，和很多人都保持比较好的关系。多和那些爱组局的人保持联系，有机会就参与，也是个不错的方式。

7. 通过内容获取流量

1）通过内容获取流量的优劣势

做内容和搞社交完全相反，它是一种完全被动的获取流量的方式。守株待兔，不需要主动去和别人搭讪，更多的是让别人看到你的内容，觉得有价值，然后来找你。

通过内容获取流量这种方式特别适合有专业度和表达欲的人群，他们写的内容能够有效地吸引很多人。同时，这种方式对于偏内向的人群来说，也是一个不错的选择，可以绕过直接沟通的环节。

通过内容获取流量，从长期来看是最高效的获取方式。生产一次内容会一直持续产生价值。

2）通过内容获取流量的常见方式

第一种是做自媒体。图文、视频、直播、音频等，都是常见的内容形式。若想了解详细内容，可以学习本书"通过自媒体获取流量"那部分内容。

第二种是分享。比如，社群内的分享、活动中的分享等。这种方式往往有一些交互性，但整体来说仍然是一对多或者一个人说多人听的形态。

第三种是出书。一本好书是可以持续流传下去的，威力巨大。但是，出书的门槛比较高，花的时间也比较多，对新手小白来说谨慎尝试。

8. 通过产品获取流量

1）通过产品获取流量的优劣势

很多产品本身也是一种获取流量的方式，尤其是低价的产品。人们通过在平台上看到或者朋友转介绍的方式买入，而后认识卖方这个人。

通过产品获取流量是一种非常特殊的方式，它非常精准地筛选出了潜在用户，但它的门槛也比较高。需要产品足够超预期，给用户带来很棒的体验。不仅如此，还需要转介绍或者运营机制本身给力，才能有效发挥它的作用。

2）通过产品获取流量的常见方式

第一种是资料类产品。比如，网上广为流传的各种资料包，也算是一种获取流量的方式。对这些资料感兴趣的人就会自己联络产品的所有者。

第二种是体验型产品。比如，一次免费体验活动、一堂试听课等，可以给别人一些免费体验的名额或者机会。

第三种是小课产品。比如，用一些基础的内容来展示专业度，以吸引适合的人群。

9. 通过资源获取流量

1）通过资源获取流量的优劣势

通过资源获取流量是指通过身边的一些资源来提升自己的知名度，比如，借助平台、大佬推荐等。这种方式最大的好处就是有很强的背书效果，能触及的流量也非常大，能够一下子被很多人认识，有很好的拓流效果。

但这种方式的门槛非常高，新手小白一般很难涉及。通常需要你自己有一定的专业水准和特殊性，并且你还得有一些人脉资源，和对方关系很好，对方也愿意给你机会。

2）通过资源获取流量的常见方式

第一种是借助平台。比如，参加一些官方平台的采访或节目，可能一下子就会有很高的曝光量。这种很容易一下子爆火，但也容易因为一下子爆火而引来很多争议，或者因此出现各种问题。

第二种是大佬推荐。比如，业内某个著名人士给你做背书，帮你做介绍，通常也会有明显的效果。与借助平台相比，这种方式更温和一点，效果也更好一点。

4.2.3 案例解析

案例一：30 多岁的她靠自媒体走上自由职业之路

获取流量最常见的方式，就是做一个自媒体账号。我的学员"园姐"就是这么做的。

30 多岁的她，想要做职场外的副业。于是，她在 B 站注册了一个账号"园姐 fightingmom"，拍视频，分享自己的生活，如带孩子的日常、求职面试、职场生活等。很快，她的视频就爆火了。半年的时间，她的账号就有 20 万个粉丝。随后，她推出了付费课程、咨询、陪跑等一系列产品，变现了几十万元。

她在前期主要做的事情只有一件：拍好视频。她做的是 IP 类账号，真人出镜，以讲述生活为主，主打真实感和情感共鸣。在她的视频里，没有布景，没有精致的妆容和衣服，也没有经过特别设计的剧情和节奏。就是随手拍的家庭场景，分享自己的一些真实感受。

这其实是最适合普通人的一种流量获取方式。它不需要你有多么强的专业背景和能力，要的就是真实的展示，用自己的经历来引起他人的共鸣。所有在你身上发生的看起来普普通通的甚至有点窝囊的事，都真实发生在我们每一个普通人身上。当你的经验可以给别人带来帮助，你的感受可以引起别人的共鸣，你的能量可以治愈别人时，别人就会信任你、关注你，愿意为你付费。

这类账号的用户黏性一般也很好。后期，不管是好物分享、卖自己的产品，还是带货，你都很容易变现。

案例二：低粉高变现的自媒体 IP 怎么实现？

用自媒体账号来获取流量，你可以做 IP 类账号，分享自己的日常，像上文中的园姐一样，也可以做专业类账号，分享专业知识，提供功能型价值。我的学员"汤圆"，就是做这类账号的典型。

她是一个工作 2 年的职场人士，因厌倦了互联网企业的内卷和一线城市的压力，她选择回到自己的家乡，在一个二线城市的国企重新开始。但同时，她不希望自己被时代落下，希望有朝一日能够做自由职业。于是，她利用业余时间开始做副业。

由于她之前在互联网企业面试的经历较多，因此她选择做求职面试这块业务，帮助有需要的人优化简历、做面试咨询、陪跑等。很快，她的朋友圈里有这类需求的人都得到了她的帮助。

为了开拓更多用户，解决客源的问题，她开始做自己的小红书账号。和上文中所说的园姐做账号的方式大不相同，她很少发与自己相关的内容，更多的是垂直切入求职面试者关心的问题，如简历制作、面试等，给别人提供实际的帮助。由于内容精准，她很快就获取了大批粉丝。从 900 个粉丝开始，她每个月都能从小红书获取几十个潜在用户，并且实现了变现。

对自身已经有产品的人来说，或者不太愿意暴露自己生活的人来说，通过做垂直账号来获取流量是一个不错的方式。只把自媒体平台作为引流渠道，精准获取用户，做垂直内容来运营。这种方式的流量获取效率很高，变现效率也很高。

案例三：如何靠 3000 个好友月入六位数？

做自媒体是公认的获取流量最普适、最高效的方式。但是，只有做自媒体一条路吗？不是的。

比如我自己，我完全没有靠自媒体来获客。我当时做 IP 打造的业务，我的用户和关注者都来自熟人和别人的推荐，以及来自社群。我会经常做一些分享，讲怎么打造 IP、做自媒体，也会在公众号、朋友圈、贴吧里写很多相关内容，别人因为我的内容分享而看到了我的专业度，就来关注我。

而后，我也会经常发一些朋友圈和做活动，分享自己的心得，分析案例，拆解问题。通过这些内容，别人和我进一步产生深度链接，最终成为我的用户。我的用户和关注者很信任我，于是也会推荐身边的人来关注我。如此一来，我的流量就越来越大了。

很多人觉得做副业变现，需要有很多的粉丝，很大的流量。其实不然，只要有足够数量的用户信任你、关注你，愿意为你付费，就够了。

有人带货，靠在社群里分享体验，帮别人解决问题，给社群拉新，有效吸引别人的注意力，每年也能变现几百万元。有人卖保险，靠和别人一对一见面私聊，深度参与对方的生活，一次也能成交几百万元的大单子。他们都在用自己的方式获取流量，也都做得非常成功。

在这一章中，我给大家列出了9种获取流量的方式，你只需要选出适合自己的方式就好。

4.3 如何做一个低成本高收益的产品矩阵？

4.3.1 答疑解惑：回答3个问题

一个药品想要真正投入市场，即使理论上完全正确，也必须先经过无数次的临床试验。同理，我们的产品想要真正投入市场，也需要先经过小范围的测试，不能想当然。

有时候，即使我们精准把握了用户的需求，产品的设计也做到位了，用户也不一定去买单，只有实际投入测试，才能知道用户和产品之间会产生什么"化学反应"，会有哪些问题存在。所以，为了避免花费大量心血生产的产品效果不佳，最好的方式就是先进行小范围的测试。

测试的时候，可以不是全部的产品内容，只需要把重点部分展示出来看看效果即可，这样可以用最小的成本进行测试和调整，等到优化完毕再正式对外推出。

1. 如何低成本地打造产品？

1）先分散，再整合

一口气建一座房子很难，但每天垒两块砖很简单。做一个课程很难，但每天写 100 个字很简单。将大而难的项目分解之后，就会变得极其简单。

如果你想先做一个课程，不要一上来就做课程。不妨先列一个大纲，确定要讲哪些内容，而后列出每篇内容要讲的要点。每天写一个要点并分享出来，你会很有成就感。同时，一段时间之后，你不费吹灰之力就会拥有一门课程了。

2）先调研，再打造

举个例子，东村的老王想要去城里摆摊卖菜贴补家用，他们村子里的人都很爱吃香椿，于是他就买了一堆种子回家去种。辛辛苦苦种了出来，结果到了市场上发现根本卖不出去。原来，城里人觉得香椿的味道太重，不喜欢吃。但是老王不知道，也没有去做市场调研，以为城里人的口味和他们村子里的人一样，结果白辛苦一场。

我们做产品也是一样的，很多人会按照自己的想法和身边人的情况想当然地制造产品，结果费了半天力气做出来的东西根本卖不出去。其实，人和人之间的差异巨大，若以己度人，往往会出现巨大的偏差。我们要先放下自己的固有想法，去好好观察，分析别人的需求、别人的想法，做好调研，才有可能生产出好的产品。

2. 你的产品为什么卖不出去？

推销产品很简单，你只需要把产品介绍给别人就行。但有效推销产品很难，大多数时候你随便发的产品介绍都会被人无视。

想要有效推出产品且效果正向，关键在于，一定要先了解情况，后推产品。如果你直接和对方说，我有一个能治疗痘痘的药膏，对方八成不想理你，觉得你就是来推销商品的。但如果对方说他最近长痘了,你和他说,我手上有一个药膏,能治你这个痘,你猜对方会不会感兴趣?

大部分人都很反感推销,但没有人会反感有人帮自己解决问题。因此,要看你站在什么立场和用户对话,是站在用户对立面、想从用户兜里掏钱,还是站在用户的身边,与他同行。你是真的关心用户,想帮他解决问题,还是只关心自己的产品能不能卖出去,这些用户都能感受得到。

3. 如何让你的产品更好卖出去?

1)增强信任感

举个例子,村里的小玉开了一家服装店卖衣服,她在村口的宣传栏中贴了广告,大街上人来人往,很多人都停下来看她的广告,但是却很少有人购买她的商品。

村民 A 关注到了这家店,但是她买衣服都会去一家经常去的服装店,老板是老熟人,比较放心。村里的人她都很熟悉,但她不认识小玉,觉得她可能是个新来的外地人,不知道人怎么样,店也是新开的,不知道是不是靠谱,于是就没有选择去她的店里购买。人们普遍更愿意信任熟悉的人,而很难去信任不熟悉的人。

小玉想要改善这种状况,该怎么办?没事多去村民家里串串门,参加村里的各种聚会,混个脸熟,没事就和大家聊聊天，信任慢慢就有了。

2）让你的产品更刚需

小玉的服装店主要卖的是一些偏正式场合才用得到的衣服，村民 B 平常只穿比较休闲居家的衣服，小玉卖的这些衣服对她来说不太需要。村里留下的人大多都是一些平常不太注重场合的人，不是老人孩子，就是赋闲在家的人，对他们来说，出门的机会也不多，这些偏正式的衣服不是刚需，没有太大的必要去购买。

小玉在卖衣服之前，没有做好市场调研，也没有去研究她面对的受众是否需要这类产品，以及这些人最大的需求是什么，所以她的商品难以售出。而村头另一家衣服店，卖的都是保暖内衣、羽绒服等，只要天气一冷，大家都得穿，相比较而言，这家店的生意就好很多。

小玉想要改善这种状况，该怎么办？调整自己的主营产品，根据村民的需求重新进货，卖一些村民更需要的产品。

3）让用户先低成本尝试

由于卖的都是一些比较正式、材质比较好的衣服，小玉店里卖的衣服都比较贵。村民 C 觉得，也不知道她家到底用的是什么料，质量怎么样，价格还这么高，不太愿意去尝试。但是如果价格不是很高，大家或许愿意去尝试一下。

如果小玉想让村民来购买她的商品，需要在价格上做一些优化。不能一上来就是五六百元一件的衣服，需要有合理的价格区间。最好有几十元一件比较便宜的衣服，有一两百元一件质量稍好的衣服，也有五六百元一件有品质的衣服，这样顾客可以用比较低的成本先进行尝试。如此一来，这家店也能更好地满足不同消费水平的顾客的需求。

4.3.2 打造产品：17种典型产品及其相应的人群

1. 资料包

1）资料包产品的优劣势

资料包是一种极轻的产品形式，生产成本很低，只需要收集一些公开资料就可以了，一般来说，花几天时间就可以搞定，不用费很大的力气。

资料包也是一种非常不容易出错的产品形式。其他的产品可能会存在定位不准确的问题，导致产品卖不出去。但是资料包往往是又多又全，看起来非常诱人。即使资料包中的某些内容不能那么准确地抓住用户的痛点，也不影响产品的整体销售。

同时，因为资料包的价格比较低，往往大家的接受度也比较高，容易下单。但与之相对应的问题也在于此，资料包通常单价比较低，自由职业者难以靠它为生。同时，现在网上的资料很多，收集的难度也没有那么高，很多用户认为资料包的价值并不高，不值得购买。

2）资料包产品常见的形式

第一种是工具包。学习某项技术或者做某个项目所需的所有工具，都可以打包出售。比如，做小红书可能会用到的绘图工具、剪辑工具、素材工具、数据工具等，就可以打包出售。

第二种是模板包。做某一个东西，有哪些可以参考使用的模板，也可以打包出售。比如，简历的模板、面试的模板，等等。

第三种是案例包。收集某个领域的各种案例，集合起来打包出售。比如，AIGC案例包等。

第四种是简易课程包。针对某个课题的一些课程材料，也可以打包出售。比如，表达沟通课程包、升职加薪课程包，等等。

2. 付费文章

1）付费文章产品的优劣势

付费文章也是一种比较轻的产品形态，不需要额外做产品的打造和宣传，写一篇文章就可以了。对那些不擅长营销宣传，但是文字能力很强、专业性很强的职场人士来说，撰写付费文章就是一种比较适合的变现形式。

如果你的内容比较好，能有效引起用户的兴趣，那么你就可以很容易赚到钱。在微信公众号上，有一些大V靠付费文章单篇就能获利几十万元。但是普通人一般很难实现如此高的收益，从长期来看普通人通过付费文章变现的可能性比较低。

2）付费文章产品常见的形式

第一种是微信公众号付费读全文。一般来说，付费文章会有一定的试读比例，如果读者想继续往下读，可以选择付费看完。

第二种是文章投稿。比如，给一些杂志、自媒体账号供稿，以及给知乎盐选投稿等。如果你的文章被选中，那么一篇文章一般会有一定数额的稿费。

第三种是文章打赏收入。通常来说，这种属于广义上的付费文章。但对新手来说，如果一次能有个几十元、几百元的打赏，也是很有价值的。

3. 小报童

1）小报童产品的优劣势

小报童是一个比较新的产品，通常用于做付费内容。这个产品的设计非常简约，是沉浸式的，除了阅读内容没有什么其他的东西，目录很清晰，篇章间的跳转也很流畅，很适合将其作为纯内容的载体。

你也可以把小报童当作付费文章合集来看待，它比单篇付费文章更成体系，更能体现内容的专业化和结构化，相对来说会更容易卖一些。

但小报童最大的问题就是目前的用户量比较小，大部分还得靠微信做传播，基本上产品本身没有什么流量。如果账号的私域流量不够，想用它来拓展流量很难。同时，目前小报童的入口也比较难找，很难让用户形成阅读习惯。

2）小报童产品常见的内容形式

第一种是付费专栏。针对某一个主题，写一系列相关的文章，做成小报童出售。比如，关于女性成长的一些内容、思考、感想。

第二种是案例集。针对某一个主题，写一系列相关案例，做成小报童出售。比如，AIGC案例集、小红书案例集，等等。

第三种是微型课程。针对某一个主题，做成文字版的小的体验课程，做成小报童出售。比如，教授沟通技巧、方法等。

3）小报童产品常见的付费形式

第一种是买断制。一次购买，终身有效。后面所有更新的内容用户全部可以看到。

第二种是订阅制。以年为周期进行付费。一年后自动到期，需要再次购买。

4. 知识星球

1）知识星球产品的优劣势

很多人可能没有听说过知识星球，相对来说，它在比较小的圈子里流行。但其实知识星球的用户体量已经很大了，也是知识付费领域比较常见的一种产品形态。

知识星球最大的好处就是可以很顺畅地完成转化。当你转发内容的时候，用户可以自行查看这个星球的相关内容。如果他们感兴趣，可以直接扫码购买。

同时，如果有人愿意做分销的话，也可以直接生成自己的二维码，用户付费后，分销款可以直接到账。整个转化环节会非常流畅。

知识星球的劣势和小报童类似，还是要从私域开始做初始的用户积累。如果用户本身没有使用知识星球的习惯，很少会主动打开。

2）知识星球产品常见的内容形式

第一种是社群类。给大家制造一个空间，就某些主题进行讨论、交流。知识星球的功能比较多，可以发帖、回复、置顶、打卡、分类等，有点类似于百度贴吧。

第二种是内容类。和前面的付费专栏类似，可以用来做文章的沉淀，只不过功能更多一些。

3）知识星球产品常见的付费形式

第一种是免费星球，类似于免费群。这类通常需要邀请码才可以创建，如果自己没有，可以找别人买。

第二种是按自然年付费。每个用户都有自己的截止日期，比如，你是3月22日加入的，截止日期就是第二年的3月22日。

第三种是每年固定日期收费。不管什么时间加入，所有人都是在同一日期截止。比如，你是3月22日加入的，你的截止日期就是第二年的3月22日。如果你是第二年的2月1日加入的，截止日期也是3月22日。

5. 咨询

1）咨询产品的优劣势

咨询不需要提前准备产品，通过一对一咨询，现场解决问题就可以，成本比较低。尤其对刚开始做知识付费的人群来说，花几个月时间准备一个产品，如果效果不好会白费工夫，咨询就比较轻便且容易启动。

咨询通常需要专业技能，也十分考验临场应变能力。在这个过程中，可以提升你的专业技能，让你对问题有越来越深刻的理解，对用户有更多的理解，同时也会提升你的沟通能力、表达能力和影响力。它非常适合作为自由职业者前期阶段的产品。

咨询最大的问题就是耗时间。咨询通常是一对一进行的,接待的人数多了之后会感觉非常累,尤其对偏内向的人来说。另外,一天能够用来接待咨询者的时间也比较有限,这会导致你变现的效率变低。若想要进一步提升变现能力,需要配合其他形式。

2)咨询产品常见的付费形式

咨询通常按小时收费,对某一个具体问题展开解答,比如,心理咨询、求职面试咨询,等等。一个完整的咨询通常分为前期的问题收集和调研,咨询过程中的沟通和问题回答,咨询后的方案出具、答疑等。除了咨询过程中的沟通和问题回答,其他工作都是非必需的。

6. 围观群

1)围观群产品的优劣势

围观群是社群产品的一种轻量级状态,前期的准备成本比较低,用户的接受程度也比较高,对新手来说是一种比较好卖的产品形态。

如果你的专业能力不强,也不擅长写文章,那么你可以考虑做围观群。它的交付形式通常来说比较轻,不需要太多的专业内容,只围观就可以了。

围观群这个产品的劣势在于,主题相对来说不太聚焦。如果设计得不好，后期比较难以变现。一般来说，围观的事情同一个人只能卖一次，后面人们再次围观的兴趣会减弱。同时，由于这类产品比较难卖出高价，也很难实现真正有效的变现。

2）围观群产品常见的形式

围观群通常是以围观自己做某件事为主题展开的。这件事可以是比较小的、周期比较短的，如考某一个证，或者学习某项技能，等等；也可以是比较大的、周期比较长的，如围观自己做自由职业、围观自己的职业转型，等等。在围观群里，分享自己做某件事的具体情况，如心得、思考等。

7. 会员群

1）会员群产品的优劣势

会员群是社群产品中最普遍、常见的一种类型。几乎每个做知识付费的，甚至很多做实体产业的人都会使用这种产品形态。

社群产品比较适合对专业内容和写文章没那么感兴趣，但是很喜欢和人聊天、沟通的群体。会员群可以承载的形式也比较多，能够适应不同领域的需求。

但近几年，随着人们加入的社群越来越多，这类产品的活跃度也在逐渐下降。另外，会员群如果设计得不好，会经常出现运营成本很高，做得很累，甚至亏本的情况。

2）会员群产品常见的形式

会员群产品通常是以一年为周期进行收费和交付的，极个别也有几个月或者几年的情况。会员群产品，有别于专业性质的课程产品，通常是围绕某个主理人或者某个品牌建立的，有更多的交流元素。

它通常也不是一种单一的产品形式，而是很多种类型的活动和内容的集合。比如，线下体验、交流讨论、经验分享等。

8. 私董会

1）私董会产品的优劣势

私董会是一种非常高阶的社群形式，通常面向老板、高收入群体，价格通常也比较高。私董会产品最大的优势在于，能够形成自己比较稳固的人脉圈，形成较高的势能和较好的资源流动性。

但也因为其以人脉资源为主要卖点，对比较初阶的新手小白来说，因为各方面的积累太少，所以基本上没有办法实现。另外，随着私董会产品逐渐增多，大家对于纯粹混圈子的产品的兴趣也在逐渐下降。因此，做私董会也需要有新的形式来支撑。

2）私董会产品常见的付费和交付形式

私董会产品通常是以一年为周期来进行收费和交付的。由于私董会产品强调的是资源和人脉,所以有别于其他以交付为主要宣传点的产品形式。私董会产品强调的往往是圈子里有多少厉害的大佬、资源。

交付的形式通常也不是课程、内容等,而是各种交流活动、饭局、游学等,以促进圈子内成员的互相链接和资源流动为主要目标。

9. 小课

1)小课产品的优劣势

小课是课程产品中比较轻的一种形式。通常来说,内容相对较少,形式比较简约,可用来做引流或者让用户体验。

小课产品的核心优势是成本低。价格低,意味着用户容易接受,较容易做出购买决策。需要学习的内容少,意味着用户的心理压力也小。现在要学的东西太多了,对于大课产品很多用户都有压力。另外,打造小课产品的成本也比较低,前期可以作为一种投入市场的尝试。

小课产品最大的劣势在于,内容少,可能会讲不透,有点鸡肋。因此,并不是所有的品类都适合做成小课产品。

2)小课产品常见的形式

第一种是体验课。比如,你的正式训练营是打卡 21 天,那么体验课可以打卡 3 天。减量,把形式变得简单一点,让用户去体验一下。

第二种是轻课。比如,你原本的训练营是要把沟通表达的方方面面讲得很清楚,那么对于轻课,你可以只讲一些基本的逻辑。具体实操细节,可以让用户在正式课中去感受。

第三种是引流课。比如,截取训练营中的部分环节,放到正式课中讲。在引流课中埋一些"钩子",将用户引到正式课中。

10. 录播课

1)录播课产品的优劣势

录播课通常是指提前把课程内容录制好,让学员自行收听。录播课最大的优势是节省时间。每次上课的时候只需要放出录好的视频或者音频就可以,不需要每次再花时间去录制。这也意味着课程的成本很低,并且可以单独售卖,形式比较灵活。

但是,录播课通常是单向输出知识,缺少互动,如果没有良好的运营机制去配合,变现效果可能不太好。

2)录播课产品常见的形式

第一种是音频录播课。通过音频讲解的方式,讲授课程内容。

第二种是视频录播课。视频录播课通常会搭配相应的PPT。常见的平台有千聊、小鹅通、腾讯会议、飞书会议等。

11. 训练营

1）训练营产品的优劣势

训练营是课程产品最常见的形式之一。除了单纯的知识输出，还有陪伴、指导等督促机制。训练营产品的学习效果往往更好，更容易积累成功案例，形成好的口碑，用户的黏性也更强。

不过，训练营产品通常来说交付形式比较重，需要运营团队的支持，也需要够一定的人数才能开班，人太少的话，效果通常不太好。

2）训练营产品常见的形式

第一种是陪伴打卡。针对需要坚持的类目，通过陪伴学员打卡来取得效果，比如，早起、锻炼、读书等。

第二种是以知识传授为主。比如，为了传播知识，可以针对相关内容进行训练营的设计，并搭配实际的训练、指导，以达到学习效果。

第三种是以实战演练为主。比如，某些演讲训练营，其主要活动方式就是让学员去演讲，而后通过点评、模拟对抗等方式完成教学，让学员获得这项技能。

12. 私教

1）私教产品的优劣势

私教是所有产品形态里交付形式最重的一种，往往以一对一或者多对一的形式交付。

这种产品形式是目前比较受欢迎的，因为交付到位，更容易出结果，用户黏性也极高。但这也是一种更费时间和人力的形式，尤其是一对一的形式，因为它能够接待的用户量非常有限，变现能力也比较弱。

2）私教产品常见的付费形式

第一种是按小时收费。类似于咨询，也是在固定的时间内解决一些问题。

第二种是按周期收费。按月、季度、半年、一年的都有。通常是针对某项具体的技能，做带练，通过一对一或者多对一的方式让学员去做，并给出指导，这样可以快速实现能力的提升。

技能的学习通常需要一定时间，因此第二种形式相对来说更为常见。

13. 陪跑

1）陪跑产品的优劣势

陪跑和私教产品有些相似，名称上并没有那么严谨的定义。一般来说，私教强调的是一对一的指导，而陪跑强调的则是整个过程的陪伴。陪跑产品可能会比私教产品多一些资源、赋能、圈子等方面的权益。

这种产品形式也是目前比较受欢迎的形式之一，通常来说能够较好地满足用户的需求，也能够产生比较好的交付效果和用户黏性。它比单纯的私教产品更为灵活，形式也更加多样，不会那么费时间。但是这种产品形式对资源等方面的要求也更高。

2）陪跑产品常见的形式

第一种是和按周期收费的私教产品类似，一般以半年或者一年为周期进行陪练和指导。

第二种是综合形式。这种形式通常不是严格的一对一的形式，常见的有定期的内部交流会、分享会、诊断会、闭门会、训练营、答疑会等。

14. 工作坊

1）工作坊产品的优劣势

工作坊是一种比较轻的产品形式，相较于课程产品，工作坊的形式更加丰富，体验性也更强。通常来说，用户是比较有兴趣去体验工作坊产品的。这种产品形式不需要主理人本身有多么强的专业性，因此相对来说招生也比较容易。

不过，工作坊产品不容易建立专业感，并且用户来的目的比较分散，长期的转化和维系并不容易实现，往往是体验一次之后，用户就很难再来了。

2）工作坊产品常见的形式

第一种是沉浸式体验活动。比如，各类游戏、卡牌，往往人数比较少，体验感也比较强。通常来说，以线下活动为主，互动性较强。

第二种是主题工作坊活动。比如，就某个主题展开交流讨论，更多以思想碰撞为主，讨论的话题也比较聚焦，有深度。

15. 线下课程

1）线下课程产品的优劣势

线下课程是课程产品中比较特殊的一种形式，把线上的课程移到线下来讲。线下课最明显的优势在于，学员可以集中在一个时间、地点进行学习，场域的能量很强。同样的内容，在线下给学员讲，冲击力会大很多，他们能真实感受到课程的魅力。

同时，线上课程不太容易跟踪学员的学习效果，比如，有没有听课，作业做没做，都是很难跟踪的。但是线下课程可以强制性地让学员在这个时间段内听课，强制性地完成作业，并上台展示，教学效果能够得到有效保证。此外，线下课程除学习课程内容外，也能有比较好的互动效果，方便认识其他学员，也方便和老师交流。

不过，线下课程也有非常明显的缺陷。首先，成本较高，不管是来回路上的时间成本，还是心理成本，都比较高。其次，用户的时间也不容易统一，如果对流量不够大的主理人来说，很可能费力不讨好。

2）线下课程产品常见的形式

第一种是线下大课。课程时间一般是一天或者两天，就某个专题进行课程的讲授。

第二种是线下大型交流会。一般是邀请一些嘉宾进行分享。有些交流会也会组一些小局，让大家在会前或会后进行充分的交流。

第三种是圆桌讨论会。一般是大家就某个主题进行深入讨论，可能是与一些嘉宾讨论，也可能是参与者进行分组讨论或小组展示。

16. 虚拟产品

1）虚拟产品的优劣势

虚拟产品是相对于实体产品而存在的。所有存在于互联网中不可以实际使用的都属于虚拟产品。虚拟产品最大的好处就是成本低，所以相对来说它也比较适合普通职场人士。一个人在家做兼职，动动手指上个网就能实现。

但虚拟产品通常都是非标品，大家对它的价值会存在一定的争议。比如，有些人觉得知识型产品应该免费，不应该收费，那么这些人就是不把别人的知识或劳动看作有价值的商品的人。

2）虚拟产品常见的形式

第一种是知识付费。上文中提到的各种资料、课程、社群、咨询等，基本上都属于这个范畴。

第二种是游戏相关产品。比如，线上的点卡、各种武器装备等。

第三种是视听产品。比如，电影、电视剧、综艺节目、短剧、小说等。

17. 实体产品

1）实体产品的优劣势

我们日常生活中购买的大部分产品都属于实体产品，这也是大家消费意愿最强、消费能力最强的品类。

想打造自己的实体产品，成本非常高，不是一个普通职场人士可以轻易搞定的。比较常见的形式是，通过直播、短视频、私域等做实体产品的带货。

相对于虚拟产品，实体产品最大的优势在于好卖。尤其是生活用品，生活中总要用到，无非在哪里买的问题。但因为实体产品可以被标准化生产，因此同质化现象非常严重，竞争也非常激烈。同时，实体产品的质量问题、退换售后等问题，也是个麻烦事。

2）实体产品常见的形式

第一种是生活用品。十分常见，也非常标准化。高复购率、低利润、好卖，不过竞争也最激烈。比如，食品、衣服等。

第二种是日常消费用品。比如，美妆产品、保养品等，属于高复购率产品，利润相对较高，而且用户黏性好，也容易产生裂变。

第三种是高端消费用品。比如，品质家居用品、各种电子产品等。这类产品通常利润较高，但因使用周期比较长，基本上属于一次性消费。

4.3.3 案例解析

下面，我用3个案例来给大家讲一讲如何做产品能够有更高的收入？如何选择和调整产品形态？

案例一：调整了目标人群，她用更少的时间获得了更多的收入

我有一个学员，做的是设计领域的自由职业。她一开始是教别人怎么做海报，赚了不少钱，完成了从0到1的突破。但是，想再往上走，上不去了。她教别人做海报，意味着她的目标人群就是普通用户，这个群体的支付能力不强，支付意愿也不强。他们大多数的需求就是自己感兴趣，想多学一项技能，或者自己做的海报不太好看，想学习提升一下。这样的需求可有可无，不会给她带来很大的营收。

难道这个领域就做不到高营收吗？也不是。调整一下产品形态，就可以让她的收入提升 10 倍。我给她的策略是，更换产品，调整目标人群，从服务普通用户到服务老板。一个商家想要卖东西，一定需要海报。换一个更好的海报，可以让他们卖出更多单，满足这样的需求无疑更值钱。

她之前的目标人群是普通打工人，也是那群做海报的人。但没有哪个老板，会自己去做海报，一定是直接购买成品。所以，如果你想做支付能力更强、需求更大的老板的生意，就要调整你的产品形态，从做课程到给老板提供设计服务。于是，她也不再费劲做课程和招生了，只需要服务好这些少数人，就能有更多的收入。

调整产品，不仅仅是更换产品形态这么简单，更多的是，要调整服务的人群，用不同的产品来满足不同的用户。

案例二：看懂了用户的需求，她卖出了近万元单价的产品

我有一个学员是做情绪能量方向的。她一开始做的产品是带着人吃喝玩乐的社群，组织很多活动，让参与者过得更开心一些。现代人压力很大，这个领域显然是有需求的，所以她很

快完成了变现。但瓶颈也很明显，她的收入卡住上不去了。

问题的症结在于，大家确实压力很大，希望放松，想要开心，也愿意为这件事花钱。只是，单纯地吃喝玩乐并不能真的解决问题。用户今天去玩了一趟，当时很开心。但是，回来之后，痛苦还在，甚至因为花时间去开心，导致该做的事情没有做完，或者觉得自己浪费了时间而产生焦虑，最后更加不开心了。她给出的解决方案太浮于表面了，因此很难真正做起来。

我给她的策略是，调整产品，真正解决问题。追求开心的本质是抚慰情绪。可能是生活压力大，也可能是人际关系导致的。一时的开心很快就会过去，但痛苦还会持续。如果她能做深度的心灵疗愈，把问题彻底解决。她的价值立马就提升了。

要看用户到底是因为什么问题而痛苦，然后做出相应的产品形态的调整。后来，我根据她的情况，帮她选了一个适合的细分赛道，做心理疗愈，很快她就卖出了近万元单价的产品，突破了之前的瓶颈，她的用户也通过这个产品受益良多。

她之所以能卖出高单价产品，是因为她的产品更好地解决了用户的问题。

案例三：砍掉 90% 的动作，产品价值翻了 10 倍

我是做自由职业陪跑的，帮助普通职场人士发掘优势和潜力，确认定位和商业模式，打通产品、流量、转化端，提升变现效率。

一开始，我做的就是单纯的咨询和课程。给用户一些课程，让他们去听，他们有问题就来找我讨论，当时课程做得也比较粗糙，也没有什么配套服务。即使这样，也卖得不错，毕竟需求是有的，解决方案也是有的。但是，很多用户的行动力不足，在咨询过程中遇到了各种各样的问题，做着做着他们就放弃了，我也没有办法提供很有效的帮助。与此同时，我自己要不断卖各种课程和搞活动，也做得很累。

后来，我重新调整了产品形态。做陪跑，而非知识付费或咨询顾问的模式。每个陪跑学员进来，都有一对一的助教带着，每周会跟进学员的进度，做详细指导；还会建立个人成长档案，制定各个环节的标准作业程序，提供有针对性的参考资料；也会在学员做不下去的时候，想方设法给予鼓励和支持。

其实，我的产品所针对的人群没有改变，甚至连产品本身都没有改变，只是交付的形态发生了改变。我砍掉了90%看起来很吸引人，但对于学员真正做好自由职业效果不明显的动作，只聚焦于少数几个会影响结果的动作，并且做得更深入、更极致。

4.4 如何解放时间，高效赚取被动收入？

4.4.1 成交，不一定要做"销售"

当提到"销售""成交"的时候，你的大脑中会出现哪些场景？是不是在街上发传单、接不完的骚扰电话、卖东西时的不停催促？很多人对销售这个职业，非常反感，甚至自己做的时候也非常抵触。这些都源于我们接触到的一些负面的成交转化方式。但其实它们都是效率很低、已经濒临被淘汰的方式。

当想到自己做销售的时候，你的大脑中又会闪过哪些念头呢？是不是害怕、恐惧，觉得自己做不了？之前，我接待过一个客户，他们是一家挺大的保险公司，专注于做财富管理。你猜，他们做成交转化的周期有多长？要花费多少时间？我第一次听客户给我介绍的时候，整个人都惊呆了！他们平均成交一个客户要线下见面7次，而一天内通常只能线下约见1~2个。见面通常也不是连续的，这7次见面大概要持续几个月，甚至几年，他们需要持续保持联络和跟进。

如果你天天都在做这样的事情，你的变现效率就会很低，做起来也会很累。尤其当你是一个不喜欢和人打交道，偏内向性格的人，这种工作方式简直就是受罪。那么，内向的、不善言谈的人，就注定做不了销售、做不了自由职业吗？其实不是的，我身边有很多非常棒的销售人员，他们都是这种类型的人，包括我本人。

上面说的这些都是关于成交和销售的一些刻板印象。其实，成交有很多种方式，可以通过私聊主动成交，也可以通过自媒体做内容，被动成交。这一节，我就带大家深入探索一下，普通人可以做的成交方式有哪些，以及如何高效赚取被动收入。

4.4.2 成交转化：9种转化方式及其适合的人群

1. 一对一私聊

1）一对一私聊的优劣势

一对一私聊是一种最常见的转化方式，也是大部分销售人员使用最多的转化方式。一对一私聊非常直接，对方一定会看到，也一定会回复，不像在群里，消息有时会被屏蔽。同时，一对一私聊也是一种比较私密安全的沟通，往往能够聊得比较深入，很有针对性。因此，转化效率往往非常好。

但与此相对的是，因为一对一私聊有比较强的针对性，而且很多人对于私聊会有压力，所以不太喜欢这种方式。尤其在对方没有私聊意愿的情况下，狂轰滥炸式地发信息，会让人很反感。对销售人员来讲，一对一私聊也比较费时间，后期还需要配合其他转化方式。尤其对于偏内向、不喜欢聊天的人，采用一对一私聊的方式做转化会非常痛苦。

2）一对一私聊常见的形式

第一种是临门一脚。对方已经有比较明确的成交意愿，过来咨询，你稍微解答一下问题，就可以成交了。

第二种是主动挖掘。对方并没有表现出明确的成交意愿，但是你觉得对方有可能成交，于是深入挖掘对方的需求，主动成交。

第三种是增进信任。不抱着很强烈的成交目的，以增进信任，以后有更多成交的可能性为目标进行沟通。

第四种是直接询问。直接把产品拿给有意向的人，询问对方是否有意愿购买。如果拿捏不好分寸，此形式要慎用。

2. 面谈

1）面谈转化的优劣势

面谈转化是所有转化方式里最深入、成本最高的形式。传统行业和高利润行业，通常会使用面谈的方式成交，尤其以保险行业为最。面谈能够及时观察对方的反应，对有经验的销售人员来讲，便于控制沟通进程。

另外，对于一些很难回答的问题，面谈的针对性和强度更强。同样，与此相对的劣势就是，在这种情况下做强销售会十分令人反感，并且成本过高。总之，这样的成交方式效率非常低。

2）面谈转化常见的形式

第一种是约见谈单。前期谈得比较顺畅，需要最后见面谈一谈详情。谈的一般是比较大的单子，或者一些涉及业务的具体细节。

第二种是见面约聊。通过见面约聊的方式，增加彼此间的联系，为成交做铺垫。这种方式通常不会一次就能成交，但是会增进双方的了解，让对方有需要的时候第一时间想到自己。通常适用于周期比较长的业务。

3. 线下分享

1）线下分享转化的优劣势

线下分享是一种一对多的转化方式，通常以内容为载体。线下分享因有场域的加持，效果通常会比较好。尤其对于擅长演讲、比较有魅力的个人 IP 来讲，线下分享是其扩大影响力和成交的利器。

线下分享最大的劣势是成本高。和之前的线下课程类似，心理成本、时间成本、金钱成本等都很高，尤其当自己作为组织方时，成本就更高了。若仅仅是参与者，只做分享，相对来说成本会低很多，但不确定性也更大。

2）线下分享转化常见的形式

第一种是分享干货。分享专业内容，展示自己的专业能力，增强信任感。

第二种是分享故事。讲述自己的某些经历，以达到感染别人的效果。

第三种是分享经验。对某个主题进行分享，结合自己的经历，总结经验和方法论。

4. 朋友圈

1）朋友圈转化的优劣势

朋友圈是一种非常常见的转化方式，也是对普通人来说性价比最高的转化方式。相比于其他转化方式，朋友圈转化的成本低。

对发朋友圈的人来说，不需要针对某个人，可以发自己想发的东西，以自己为主，不用考虑具体某个人想看什么。不针对某个人说话，通常来说压力就不会那么大，对方是否回复，说得是否恰当，都不会那么显眼。对看朋友圈的人来说，压力也没那么大，可以选择看，也可以选择不看，还可以选择屏蔽，怎么样都行。

朋友圈还可以同时对多人，而且可以被重复消费。在好友多的情况下，这是一种效率比较高的转化方式。发朋友圈的成本很低，几十个文字、几张图，就可以成为一条能成交转化的朋友圈。而且，每个人的朋友圈都是天然有流量的，对没有做过公域的普通人来说也非常友好。

不过，缺点是你不知道有多少人看了你发的内容，还有，谁看了，也很难追踪。另外，很多人担心别人会用异样的眼光看待自己，感觉发朋友圈比较有压力。

2）朋友圈转化常见的形式

第一种是生活类信息。展示日常生活场景，展现个人理念，拉近距离。

第二种是专业类信息。分享干货、专业知识，体现自己的价值，增进信任。

第三种是产品类信息。展示海报、产品介绍、交付等相关内容，直接促成成交转化。

5. 社群

1）社群转化的优劣势

社群是一种相对来说成本较低的转化方式。线上＋一对多的场景＋群体氛围，能够产生较好的转化效果。在社群里，用户有比较强的从众心理，看到其他人积极讨论或者报名参与，很多观望的用户也会参与进来。

不过，目前大部分社群的打开率都很低，很多内容用户都不怎么看。如果操作不当，很可能会冷场。

2）社群转化常见的形式

第一种是分享。给用户分享干货、故事、案例、理念等，引起用户对产品的兴趣，完成转化。

第二种是群接龙。直接出售产品，通过群接龙的方式，引发从众效应。

第三种是围观。以卖产品为主题进行社群运营，吸引相关感兴趣的人。

6. 低转高

1）低转高转化的优劣势

低转高指的是通过将低价产品成交转化到高价产品上，是很多销售机构常用的一种方式。

低价产品相对于高价产品来说，往往决策链路更短，可容纳的用户数量更多，是一种效率很高的转化方式。低转高因经过了付费这一层的筛选，保障了留下的用户的质量，不至于将资源浪费在非意向用户上。

但同时，低转高需要先让用户购买低价产品，而后再转化到高价产品上，因为多了一层转化，周期可能会变长，运营成本和人力成本也会相应增加。另外，从用户的角度来讲，大部分时候购买低价产品是因为对低价产品有需求，如果低价产品只转化不交付，也可能会有损口碑。

2）低转高转化常见的形式

第一种是小课。通过小课的方式，让用户学习到一部分课程内容，而后转化到高价产品上。具体可以看前文中的"小课"这部分内容。

第二种是活动。通过工作坊、分享等付费活动，筛选出一批有购买能力且对话题感兴趣的用户，而后转化到咨询、课程、陪跑等高价产品中。

7. 自媒体

1）自媒体转化的优劣势

自媒体转化也是现在很常见的一种方式，各平台也在大力推广这种在内容场景中直接完成商业闭环的方式。自媒体转化最大的好处就是转化链路短。引流获客和成交转化在同一场景中完成，内容和营销也在同一个环节中搞定。

不过，这种方式有一个明显的问题，就是来自自媒体的用户往往对你不太熟悉，有比较强的戒心，效果可能会不太好。另外，来自自媒体的用户相对比较挑剔，因为你们没有共同的圈子，用户对你也没有充分的认识，可能会更难交付。

2）自媒体转化常见的形式

第一种是图文笔记转化。比如，在知乎、微信公众号、小红书的内容中进行介绍，通过挂小黄车、插入购买链接等方式完成转化。

第二种是短视频转化。比如，在抖音、小红书、微信视频号中，通过展示产品情况或者介绍产品，挂小黄车，完成转化。

第三种是直播转化。在抖音、快手、微信等平台直播时介绍产品，挂小黄车，完成转化。

8. 直播

1）直播转化的优劣势

直播转化是目前综合商业效率最高的转化方式。对大 IP 来讲，一次直播可以快速完成从引流获客到成交转化的全部环节，并且因为有互动性和场域能量，相当于自媒体叠加社群，效果比视频、图文等强很多。这种方式也是目前大部分成熟机构在使用的。

不过对个人来讲，直播的门槛比较高，内容能力、产品能力，以及对于镜头的把握和镜头前的表现力等各方面都必须过硬，才能有很好的效果。同时，做好直播是一件十分不容易的事情。对主播本人来讲，需要连续讲很长时间，非常累人。幕后还需要做选品、内容设计、数据复盘、运营等各方面工作，一般来说个人很难做出很好的效果。

2）直播转化常见的形式

第一种是直接带货。主播直接围绕带货进行直播，介绍产品，促单，成交播报。然而，90%非大IP的直播现场，可能都没什么流量。

第二种是直播+带货。正常讲内容、讲故事，间歇带货，有节奏地穿插进行。这种形式更适合大部分普通人。

9. 群发售

1）群发售转化的优劣势

群发售是社群转化的一种比较特殊的形式，通常是在一个时间段内做大批量的成交。它也是一种综合商业效率非常高的转化方式，且更适合私域流量巨大的人。

群发售通过身边人的转介绍进行多次裂变，可以很快收获一批有质量、有信任关系的种子用户，这样后期的转化和维护都会更省力。但是对于刚起步的普通人，这种转化方式的门槛比较高。

2）群发售转化常见的形式

第一种是单纯的群发售。通过社群裂变的方式，获取流量，而后在社群中完成成交转化。

第二种是社群+直播的综合转化。群发售一般是一个大事件，复杂一点的群发售可能会配备其他手段和形式，比如，先用社群裂变来做第一层引流，再用直播来做承接和转化。

4.4.3 案例解析

案例一：用一套谈单框架，她留下了90%的客户

很多人的产品和流量都不错，但是转化环节出现了问题，导致客户大量流失，非常可惜。

我有个学员，留客的能力特别强。她是做知识产品的，类型覆盖得很广，从10元的付费专栏、几十元的社群，到几百元的训练营，再到几千几万元的陪跑，她都做。

很多用户上来就直接问她，某某产品多少钱。还有很多用户会没完没了地提出很多问题希望她来回答。但她从来都不会直接回答，她很清楚自己的身份不是客服，不是销售，而是帮助别人解决问题的人。

第一步，她会先详细了解用户的情况。询问对方的需求，看看如何能够帮助对方。在沟通的过程中，分析对方的需求以及付费意愿。

第二步，她会通过专业度的展示来获得用户的信任。在对方说出自己的需求和问题后，她会帮对方深度拆解问题，让对方感受到她的专业度。

第三步,她会展示案例,激发用户的兴趣。通过向用户介绍过往她解决的类似案例,说明问题是如何解决的,以及能够达到什么样的效果,让用户对结果产生向往。

第四步,通过产品策略,完成转化。当用户对她提出的解决方案感兴趣时,她就开始引导对方购买产品。通常,从最适合对方、最能解决问题的产品开始推荐。如果对方觉得价格高、不合适,她就会让对方先行购买价格低的产品进行尝试。

通过需求挖掘—信任获取—激发兴趣—产品策略这四个步骤,来找她的90%的用户至少购买了一个产品。同时,对她的信任度也增强了。很多人过了一段时间,还会继续找她升级产品。如果你也想通过私聊做转化,学习一下这套谈单框架吧,会对你非常有用。

案例二:每天一条内容,她等着别人主动给她打钱

如果不擅长谈单,也不想花费太多精力做一对一的私聊成单,还有其他的成交方式吗?毫无疑问,答案是肯定的。我的学员里就有不少不那么擅长言谈和交际的人,通常我会让他们走通过内容自动成交这一转化路径。

比如,我的一个学员是做思维导图领域的。她其实是从0开始做这个领域的,之前没有人知道她在做这个事情。我给她设计的转化策略就是,通过朋友圈和社群的内容展示来吸引潜

在用户。

她每天雷打不动做两件事情：第一，发一张自己的思维导图。比如，自己的读书笔记，或者是自己的复盘感想，或者是对思维导图的一些讲解。第二，去社群分享思维导图。用思维导图做自我介绍，或者将分享给别人的内容做成思维导图发在群里。这样不断让大家看到她在做思维导图，并且在这个领域有不错的专业能力。

很快，就有人问她思维导图是怎么做的，她也顺利变现了。后面我又帮她设计了做社群、课程、定制单子。慢慢地，当她有了一定积累之后，她的内容中也增加了对客单成品的展示，吸引客户的效果也更好了。她基本上不用做什么销售动作，对方看到了想跟她学习，就会主动打钱给她。

如果你也是不那么擅长沟通的人，那么你也可以学习这种方式，通过展示内容有效吸引别人转化成交。

案例三：用一个发售大事件，撬动了 50 万元收益

虽然销售谈单和内容吸引都属于日常要做的动作，但对流量已经比较大、产品也比较成熟的人来说，就会显得效率偏低。这时候，有个更适合的动作，就是做发售，做集中成交。比如，我们团队今年就用一个发售大事件，撬动了 50 万元收益。

第一步，我们做了一个名为《自由职业从 0~100 万元指南大全》的付费专栏。对于这个专栏，人们形成了自发传播，有700多人参与分销推荐，2天时间就卖了将近6000单，6天便位于全网总销量第二，吸引了5000多个精准用户添加我们的微信，建立了基本信任，并且拿下了基础流量盘。

第二步，我们做了一个与产品主题相关的公开课群。我们要发售的产品是自由职业陪跑项目，所以我们公开课的主题是"自由职业，不上班，成为新个体"，其间我分享了自己是如何走向自由职业道路的，以及关于发掘优势、项目选择、商业模式打造等一些关键问题。

第三步，邀请进群。这个公开课群是一个免费群，我们会让身边的朋友、学员帮我们转发，邀请感兴趣的人进群，达到一定人数会发放相应的奖励。当时邀请了3天，一共裂变了十几个群，最后有将近3000人进群听课。

第四步，集中转化。在公开课分享的过程中，我们会介绍很多自由职业中遇到的问题和解决方案来增加用户的信任度。我们也会介绍很多自由职业陪跑产品的权益，以及学员的成功案例。同时，邀请我们的学员进行分享，和我们连麦一起直播，让大家直观感受到我们产品的效果，促进下单。

通过5天的集中分享和销售动作，一共赚取了将近50万元的收益，并且留住了很多对我们有深度信任、后续可以持续被转化的精准用户群。

如果你的商业模式已经成熟，这种通过做大事件发售来集中成交的方式就很适合你，因为它效率很高，而且能有效提升你的势能，能产生长期复利。到了一定阶段，你一定要有这种发售能力。对于我们的学员，等他们学习到一定阶段，我们也会给他们做相应的发售策划。

第5章 打造个人品牌与竞争力，实现自由职业的10倍速成长

当你的商业模式比较稳定之后，通常会迎来一个新的问题：市面上类似的产品很多，竞争激烈，我到底用什么来吸引用户？我的产品有什么优势？如果不解决这个问题，你会一直陷入低效竞争、内卷焦虑中。这一章，我们就来聊聊如何通过打造个人品牌与竞争力，实现自由职业的10倍速成长。

5.1 杠杆法则：打造自己的优势飞轮

5.1.1 最大的差异化不是产品，是你自己

如何突破发展瓶颈，增加业务量级，构建核心竞争力？其实，每个产品和商业模式之间的差异并不是很大，即使有创新，也很容易被模仿。但是，人和人之间的差异巨大，而且很难被模仿。对一个自由职业者来说，最大的差异化就是自己本身。基于个人特质，寻找商业模式，打造优势飞轮，是一种非常有效的商业法则。

寻找差异化最重要的就是弄清楚到底什么是自己的，什么是别人的。做好自己的，就能飞速发展；觊觎别人的，就会来回折腾。

什么叫自己的事,就是在这件事上,我做的就是比别人强,就是比别人好,就是比别人效率高。什么叫别人的事,就是这件事我好像也能做,但实际上我做得没有别人那么好。

比如,做发售转化已经是业界比较成熟的一套玩法了,但我的做法和市面上的大多数做法都不太一样。大家通常会拉群,会提前定向邀请非常多的人进行宣传。这个是绝对可行的做法。我这么做,也能做得好。但是,我做不到突出的地步。

做社群维护、关系维护,不是我擅长的,于我而言性价比也偏低。那么这就是别人的事。所以我就舍弃了。相对来说,写内容、写文案、做机制,是我比较擅长的,这就是我的事。所以,我把更多的精力花在了这里,当然,最后的效果也会好很多。

再比如,我的学员跟我讲,她不想做原来的方向了,想做个人成长方向。因为看到我的另一个学员做这个方向变现了几十万元,所以她也想尝试一下。个人成长,是一个非常典型的大领域,看起来很好,谁都能做,但其实非常不好做。你想做个人成长,你得证明,你在个人成长上有拿得出手的成绩。

我的那个学员之所以能做个人成长方向,是因为她毕业5年后在职场拿到了差不多年薪百万元,她做出过很多优异的成绩。她有别人想学习的点。但这个学员并没有这方面的显著优势。她就是典型的误以为别人的事情是自己的。

看别人做得挺容易的,你觉得自己也能做,然而很可能背后有大量信息你都不知道。后来我们聊过一次,给她纠正过来了。她就踏踏实实根据自己的优势,做自己能做的事情,很快也做出了成果。不用觊觎别人的,你自己的就很好。每个人都有属于自己的优势。

5.1.2 复制和放大自己的优势,形成商业飞轮

探寻个人优势,是一件持续的事情。我每次陷入焦虑迷茫、低效竞争的时候,都会回到这件事上。

比如,做成交有很多种方式。有人靠谈单,有人靠直播,有人靠内容被动成交。我十分清楚前两种方式我也能做,但效果没有那么好。对我来说,效果最好的就是靠内容被动成交。所以基于这个判断,我会把前两种方式全部放弃,只做第三种。即使我多去谈单,多去直播,也能成交,但我觉得从长期来讲,这两种方式仍然是低效的。因为我知道如果自己发挥核心优势的话,我的成交量会呈指数级增长的。

商业模式也有很多种选择。如果基于个人优势做选择,来打造优势飞轮,你的成长速度会快很多,你的状态也会好很多。比如,我自己的优势飞轮是这样的,如图5-1所示。

打造自己的优势飞轮

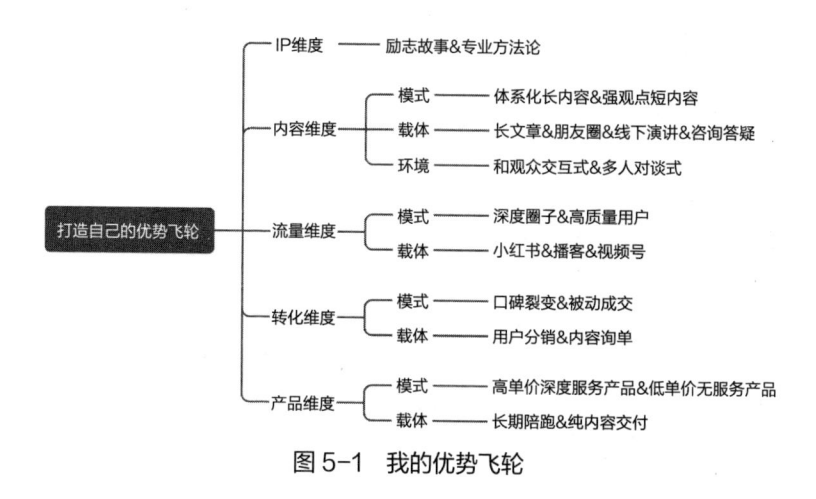

- IP维度 —— 励志故事&专业方法论
- 内容维度
  - 模式 —— 体系化长内容&强观点短内容
  - 载体 —— 长文章&朋友圈&线下演讲&咨询答疑
  - 环境 —— 和观众交互式&多人对谈式
- 流量维度
  - 模式 —— 深度圈子&高质量用户
  - 载体 —— 小红书&播客&视频号
- 转化维度
  - 模式 —— 口碑裂变&被动成交
  - 载体 —— 用户分销&内容询单
- 产品维度
  - 模式 —— 高单价深度服务产品&低单价无服务产品
  - 载体 —— 长期陪跑&纯内容交付

图 5-1 我的优势飞轮

因为我的个人特质，我十分注重深度内容和服务的经营。比如，我会将微信朋友圈、播客、小红书、知识星球这几个平台上的内容做有机配合。另外，在产品上更多地展示交付能力，而非强营销。

同时，我也会列出自己的清单，哪些事情是我坚决不会碰的。我在沟通和推流的时候，边界特别明确。比如，什么样的问题，对方有什么样的表现，我可以回答到什么程度，什么是一定要付费才做的，什么样的忙可以帮，拿什么来交换，等等。做事情之前，我一定会把规则弄清楚。

再比如，我给我的一个学员打造的优势飞轮是这样的，如图 5-2 所示。这个学员也实现了月入六位数的收入。她擅长的东西和我擅长的完全不同，但丝毫不影响我们都取得了不错的成绩。虽然我们的特质和风格不一样，但我们都做了一件事：做好自己的事，放弃对别人的东西的觊觎。你也可以按照这个图来打造属于自己的优势飞轮。

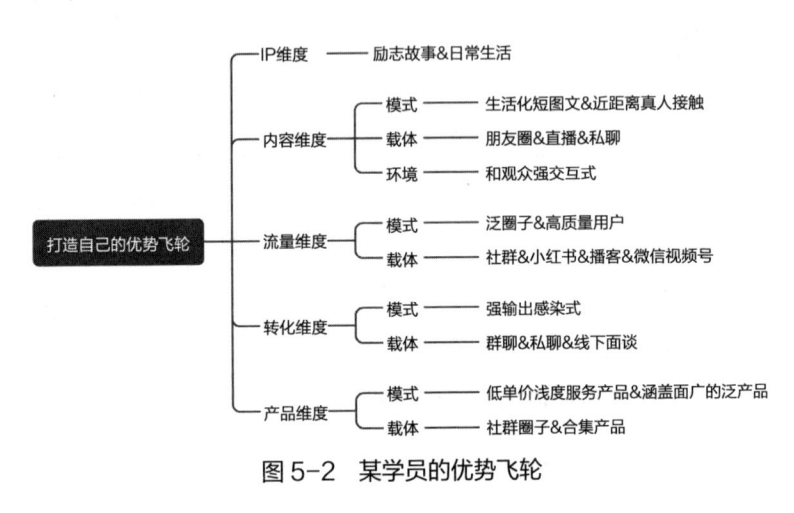

```
                    ┌─ IP维度 ──── 励志故事&日常生活
                    │
                    │              ┌─ 模式 ── 生活化短图文&近距离真人接触
                    ├─ 内容维度 ───┼─ 载体 ── 朋友圈&直播&私聊
                    │              └─ 环境 ── 和观众强交互式
                    │
打造自己的优势飞轮 ─┼─ 流量维度 ───┬─ 模式 ── 泛圈子&高质量用户
                    │              └─ 载体 ── 社群&小红书&播客&微信视频号
                    │
                    ├─ 转化维度 ───┬─ 模式 ── 强输出感染式
                    │              └─ 载体 ── 群聊&私聊&线下面谈
                    │
                    └─ 产品维度 ───┬─ 模式 ── 低单价浅度服务产品&涵盖面广的泛产品
                                   └─ 载体 ── 社群圈子&合集产品
```

图 5-2　某学员的优势飞轮

5.2　二八法则：专注打造自己的爆款产品

5.2.1　弱水三千，只取一瓢饮

一个拥有 10 万个粉丝的博主，他的粉丝是怎么涨起来的？如果你做过小红书，你一定知道，它不是靠发 100 篇笔记，每篇笔记涨粉 1000 个累积得来的，而是其中一两篇笔记爆火了，带来了 10 万个粉丝，剩下的笔记并没有涨粉。

一个明星是怎么出名的？他也不是拍了10部戏，每部都还行。这样的小明星很多，你看演员表，发现他出演过很多剧，但你还是不认识他。真正出名的一定是，其中有一两部剧十分火，尽人皆知，而后你才会认识这个明星。你回想一下，是不是明星出名一定会有一个契机。不管是某部剧、某个综艺节目、某个热点事件，总之，一定是出了一个爆款的结果。

做自由职业也是这样的。80%的成绩都是由20%的事件带来的。因此，把1件事做好，胜过做10件事。比如，你去群里加好友，一天能加20个人，积少成多，在初期这也是个不错的方法。但是，你做一次发售，3天就加了4000多个好友。一个内容爆火了，成百上千的人加你。相比之下，二者的效率就天差地别了。两个人同样做流量，长此以往，差距会非常大？

当你做到一定程度时，一定是选择大于努力。做什么不做什么，比做好一件事更重要。选择一个核心方向，做深，做透，做爆，是倍速成长的不二法门。

5.2.2 标准在哪里，结果就在哪里

前文提到我们做《自由职业从0～100万元指南大全》付费专栏的发售时，2天卖了将近6000单，6天便位于全网总销

量第二,成为圈内一个现象级事件。其实,能做到什么水平,往往在一开始就确定了。

我以前觉得自己能做到业内差不多水准就已经不错了。但这次我给自己提高了要求。我给自己的定位是,我要成为这个领域的头部。

所以,我在发售前定了个指标:我们要卖到4000单。当时我和团队成员说要实现这个目标,他们都觉得目标这么高,肯定做不到。但实际上,我们一天多时间就完成了。

为什么定到4000单,大家对这个数字可能没有什么概念。当时我做过调研,市面上销量能超过1000单的小报童都不是很多。业内,个人做到3000单基本上就推不动了。能超过3000单的发售不是一些品牌大佬在推,就是团队的项目。因此,我说我们的目标就是4000单。

我在做之前就把这个话放出去了。和我们的团队成员说了,和合伙人的学员们说了,和外面很多人也说了,甚至和助力我们的资源提供方都说了。就是势在必得,没有退路。其实我心里很忐忑,不知道能否做得到。但我想逼自己一把,牛吹出去了,不好意思打脸,总得努力一下吧。

《论语》里有句话:"取乎其上,得乎其中;取乎其中,得乎其下;取乎其下,则无所得矣。"有很多事,在找参考标准的时候，就已经决定了，你能做到什么程度。

如果没有确立这个目标，可能卖到1000多单的时候，我们就觉得挺不错了，不会竭尽全力去冲最后的目标。

实际上，如果我的标准是超过别人，那我就不能照着别人的做法去做。用别人的做法做，永远不可能做出超过别人的成绩。所以在一开始我设计机制的时候，我就没有照着任何已有的小报童路径来做。

我思考问题的出发点不是和市面上的产品做比较，而是到底什么样的内容用户更需要，用户更满意，用户更愿意转发、推荐。

当你下定决心要做更难的事时，也要正视困难和风险。

担心自己做不到可以有两种应对方式：一种是放弃，另一种是为此做计划A、计划B……各种预案。我选择了后一种。我的做法是，我先定目标，然后尽全力去完成，而不是掂量着能做成什么样子，之后再去定目标。

可能你觉得这件事也没多难，即使做成了也不算多厉害。确实，但我觉得人的思维方式和行为模式是一以贯之的，若每件事你都坚持这种态度和每件事都做到差不多就行，最后的结果一定是不同的。

5.2.3 每个细节做好一点，整体就有了压倒性优势

每个细节都做得比别人好一点，最后形成的就是压倒性优势。我在给学员做自由职业陪跑的时候，经常听到很多人说，自己学了一堆课程，看了一堆书和资料，但就是做不出来。其实很正常。

有人做自媒体赚到了 100 万元，人们就说他不就是发几个朋友圈，做了小红书，卖了个什么产品，我也照着做就是了。然而，很多成败都藏在数不尽的细节里。我希望你能死磕细节，做到极致。就像我们那次的发售活动一样，每个细节我们都反复打磨过的。光是奖励领取方法的介绍，前后我就改了六七版。上面每个字都是经过反复打磨的。

5.3 品牌法则：有多少人认识和信任你，你的商业价值就有多大

5.3.1 每个人都有自己的个人品牌

我们天天说个人品牌，到底什么是个人品牌？我发现很多人都不清楚，包括市面上很多教别人做个人品牌的人都说不清楚。

我给大家举个例子。前两年，我准备换一台电脑。我就找到一家苹果实体店，稍微看了看价格和配置。我就直接买了，总共花了十几分钟。但如果这时我看到的是一个其他品牌的电脑。那大概率我得先看看这个品牌咋样，是不是靠谱，各方面都要详细了解一下。而苹果这个品牌，就能做到让顾客快速下单。其他品牌，顾客就得先看看。这就是品牌的力量。

产品有品牌，个人也有品牌。因为你之前听说过苹果这个品牌，你知道苹果的产品是什么样子的，有什么优点，质量信得过，所以你更愿意买它。换作人也一样。这个人你之前听说过、接触过，你知道他很靠谱，你知道他在某方面做得很好，能帮到你。所以你更愿意相信他，也更容易和他成交。个人品牌是一种以你这个人为产品的个人形象的打造和展示，是一种影响力和注意力的体现。

我用一个词概括什么是个人品牌：个人品牌＝用户心智。品牌本质上是这个名字背后承载的一系列存在用户心中的信息，比如你是谁，你能干什么，你哪些方面做得很好，等等。那怎么衡量你的个人品牌力？就是多少人认识你，多少人知道你的特质和价值，多少人信任你，多少人愿意为你付出。

从小到大，你的亲戚、朋友、老师、同学、同事，他们都认识你吧，总有人会因为这些熟悉的关系而更信任你。

只不过，每个人的情况都不一样。有的人，认识他的人多，别人了解他的程度深，能说得出他的特质和价值，更信任他，也愿意为他花钱。而有的人，只有一些非常浅的交情，认识他的人也少。相比较而言，前者的个人品牌力更大一点。

我的学员里面就有很多之前没卖过什么产品，但是他们就爱参加各种活动，认识各种人，或者爱写东西，自己做公众号，经常发布内容。这种人其实建立个人品牌也特别快。资源都有，只是没有好好开发过。

5.3.2 如何快速提升个人品牌势能？

上一节提到，个人品牌就是用户心智。提升个人品牌势能，也就是在用户心中建立标签：你是谁，你的特质是什么，你能做什么，你的价值有哪些，你有什么产品。那么，如何提升个人品牌势能，下面我给大家展开讲一讲。

1. 定位：贴标签

你要让别人记住你身上的一些标签，但这个不能靠用户去总结。你需要提炼好，并明确告诉用户。如果你自己都想不明白，别人怎么能看得明白呢？

那么，你该怎么找到自己的标签呢？你可以想一想：我有什么独特的地方？别人经常夸我什么？或者，问一问别人：你对我的突出印象是什么？你可以发个朋友圈问问大家，或者私下问问你身边的人。这种能被别人记住的，就是你的标签。如果你问了一圈，发现大家都说不出来，或者说的内容特别分散，说明你这个标签是有问题的。

另外，这个标签其实不需要很大，可以是极小的点。比如，我的标签就是我做个人品牌，我教职场人士转型。再比如，我经常穿红色的衣服。有些标签，你觉得对于你卖产品没什么价值，暂时不贴也可以。贴标签不需要一次到位，先被别人记住，再去优化。

2. 认识：展示标签

上文讲了，你得先让别人认识你。怎么做呢？首先，你得先接触更多的人。有的人可能经常和亲朋好友聚会，或者参加很多活动。有的人平常比较宅，也不社交，也不出去认识人。前者认识的人多，他的个人品牌力就大。

那内向的人怎么办呢？发内容也行。通过内容和别人产生链接。总之，你得有向外链接他人的渠道。

其次，认识你不等于知道你是干什么的。换句话说，你要有效地把你的定位或者标签展示给别人。

比如，同样是学习一个课程。有的人，来了不发言也不交流，一直默默看着。虽然可能加了很多好友，但是没有建立有效链接。而有的人则比较活跃，喜欢和别人社交，因此别人就能记住他。

还有的人，他可能没那么外向，平常也不爱说话，大家在聊自媒体怎么做时，他分享了一个很有见地的想法，给圈友解答了问题，别人一下子就记住了他，因为他自媒体做得不错。具体的方式有很多，可以找到适合自己的展示价值的方法。

这里，我给大家提供了一些场景，以供参考——

• 活动志愿者：主持、摄影、接待、速记

• 内容分享：嘉宾发言、话题讨论、心得体会、回答问题

• 活动组织：社交局、分享局、工作坊

只有让别人知道你能做什么事，他们才会找你，你们后面也才有可能继续建立链接或合作，从认识升级到信任。

3. 信任：专业 + 人品 + 体系化

假设你现在想学武功，你身边有很多你觉得武功不错的人，下面五个人都开通了付费收徒，你会找谁学呢？

a. 某武馆学徒

b. 东方不败

c. 周伯通

d. 张三丰

e. 张无忌

首先，这个武馆学徒，很可能是个半吊子。你和他请教几招还行，让你付费和他学，差点意思，勉强能当个师兄师姐。同理，如果你稍微知道自由职业怎么做，可能别人也愿意和你聊几句。但是他未必愿意花钱来买你的课程和服务。但如果你的专业性很强，你能帮他拿到结果。那就不一样了。

我想，应该没人愿意找东方不败当师父吧？他虽然很厉害，但你敢跟他学武功吗？万一他不好好教你怎么办？他让你自残怎么办？他哪天走火入魔了怎么办？他的专业能力确实过硬，但你害怕他坑你呀。总之，你不放心这个人。

周伯通是第三个被排除的。一个不太负责任的老顽童，他今天收了你，明天不想教了，后天周游世界去了，你找不到人，怎么办？他专业能力行，也不会害你。但是，你觉得他不靠谱。我们做自由职业陪跑也是一样的。你得给别人留下你靠谱、人品好的印象。

那怎么给人留下这种印象呢？自己踏踏实实在做一些事。比如，你每天发点东西，写点感想。一直坚持做一件事，给人很靠谱的感觉。还有，当你和别人接触的时候，你是只想掏他兜里的钱，还是会为他考虑，这也是一种信息的传递。

我们现在已经排除三个人了。剩下这两个怎么选呢？张三丰，相对来说，会比张无忌好。虽然张无忌的专业能力和人品都过硬。但是，你见过他收徒弟吗？他说得明白他自己那套武功吗？教得会别人吗？张无忌自己就是天赋型选手，而且中间还莫名其妙地得到了一堆高人的扶持，以及运气爆棚地收获了各种神丹、武功秘籍。普通人向他学习，大概率会抑郁：为什么我按照你的这些来做，我却连你1/10的武功都学不到？

张三丰呢，相对来说就靠谱很多。你看他的几个弟子，不说多么出类拔萃吧，平均水平还是挺高的。这意味你的下限是能得到保证的。而且你看，他是有自己的一套方法论和心得的，并且能教会别人。

同样地，你若真的想成为一个有价值的IP，你就需要对这个东西有一套自己的理解、一套方法论，并且你能给别人讲明白，让别人有所启发。这时候，你的这个东西才是利他的，才值得别人为你付出。有些人自己能当运动员，但不一定能当教练。

我们在找结婚对象的时候，特别喜欢用一个词，叫知根知底。你了解对方的家庭情况，认识对方的父母，知道他们的具体情况，你们的关系网交叉得也比较多，欺骗和不好好对待对方的成本较高，所以更让人放心。做个人品牌也是类似的道理。你可以从多个维度快速让用户看到这些内容，建立信任。快速建立信任具体的操作方法，如图5-3所示。

快速建立信任

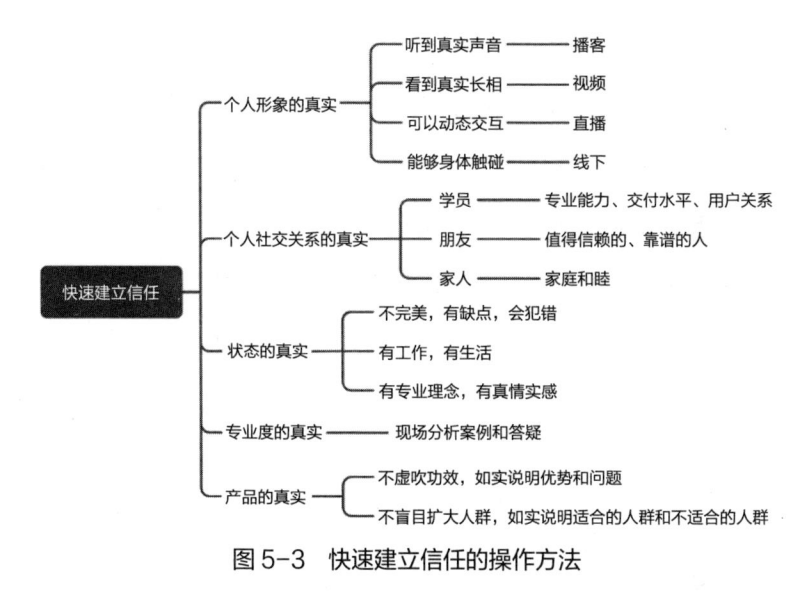

- 个人形象的真实
  - 听到真实声音 —— 播客
  - 看到真实长相 —— 视频
  - 可以动态交互 —— 直播
  - 能够身体触碰 —— 线下
- 个人社交关系的真实
  - 学员 —— 专业能力、交付水平、用户关系
  - 朋友 —— 值得信赖的、靠谱的人
  - 家人 —— 家庭和睦
- 状态的真实
  - 不完美,有缺点,会犯错
  - 有工作,有生活
  - 有专业理念,有真情实感
- 专业度的真实 —— 现场分析案例和答疑
- 产品的真实
  - 不虚吹功效,如实说明优势和问题
  - 不盲目扩大人群,如实说明适合的人群和不适合的人群

图 5-3　快速建立信任的操作方法

比如,真人出镜或直接互动,要比文字输出的信任感强很多,线下交流更是强转化的利器。比如,跟一些朋友或学员交流、唠家常,多展示自己的真实生活、真实想法和真实情感。这样会让别人觉得你更加容易接近。

比如,在聊产品的时候,拿出真实的学员截图物料,这些都是可以考证的,而且有明确的成长线和时间节点。同时,也让学员去交流,做证言。再比如,对于一些敏感话题,不要逃避和对抗。就像发售产品的时候很多人问我,你这些说法是不是提前准备好的话术。我就直接说,是话术,也是我本人的话,有需要可以找我。群发消息的时候,我会直接告诉大家,这是群发，但不是瞎发，是定向发给小报童购买者的，并且承诺大家之后不会再收到类似的群发消息。

很多学员觉得卖东西收佣金不好。我告诉他们，你就直接说，我卖这个东西是要收佣金的，但我确实觉得这个东西好，才推荐给你。很多东西提前解释了就没事了。对方若觉得有疑惑，你就跟他解释清楚。这都是能有效增加信任的。

5.4 心态：拥有好的心态，你就成功了一半

5.4.1 激起对自由职业和赚钱的渴望

要想造艘船，不是先去搜集木头，而是要激起对海洋的渴望。要想做自由职业，最重要的是，激起对自由职业和赚钱的渴望。很多人的执行力不足，心力不够，归根结底，是渴望不够。有足够的渴望时，他们就会开始动起来，想办法，不断尝试。可以说，激起渴望，就已经成功了一半。

但渴望不是天生的，是被刺激出来和后天养成的。那么如何激起对自由职业和赚钱的渴望呢？有三个具体方法：

第一，主动靠近自由职业做得好的人。你没见过的事情，很难做得出来，因为你缺乏对这件事的具象想象。没接触的时

候，你可能感知不到原来自由职业这么美好，一切没有想象的那么难。近距离接触后，它就会在你心中种下一粒种子，而后每天不断发芽，直至长成参天大树。

第二，找到自由职业的同频圈子。你是你经常接触的五个人的平均值，想要提升自己的能力和赚钱的水平，你就要加入在这方面做得好的圈子，提升自己身边人的平均值。职场和自由职业的圈子是两个世界。大家每天聊的话题和思维方式都不一样。想要成为自由职业者，你先得进入这个圈子。

第三，把想要的生活描绘出来，放在每天都能看到的地方。不断刺激自己去想这件事，激发自己的渴望。想象着自己已经成为自由职业者了，已经赚到一年100万元了，你的一天会怎样，代入那种感觉。

5.4.2 如何应对情绪低落、焦虑、虚无时刻

很多人在情绪低落、执行力较差的时候，通常会使用的方法是强迫自己拼命工作，但结果往往并不好。这一节给大家分享一套好用的方法。

1. 正视情绪：有情绪是一种正常行为，并非洪水猛兽

在过去很长一段时间里，主流观点认为，情绪是一种不好的东西。即使是对情绪相对比较包容的学派，也会认为情绪是

一种干扰。当某种行为需要被纠正时,情绪就会产生,以便人们关注到一些关键信息。比如,在森林遇到一只老虎,人们会感到恐惧,这种情绪可以让他们感知到危险,迅速逃离,保住自己的生命。这种观点虽然认为情绪是有用的,但仍然把情绪看作和认知相对立的东西,是一种干扰。

科学家过去认为,大脑的前额叶皮质是掌控人类理性的部分,它控制着人类的认知功能,是将人类和其他动物区别开来的最重要的功能。但是近些年,脑神经科学领域的研究告诉我们,前额叶皮质同时控制着人类的理性和情绪。也就是说,理性和情绪之间并不是泾渭分明的,更不是对立的。

情绪只是受神经特质影响的一种普通反应,它就和你冷了会哆嗦,饿了肚子会叫一样,都是非常正常的,不应该被我们排斥。

2. 提升对情绪的认知

说到情绪,人们通常会把感和知混为一谈。情绪本质上有两种形式,一种是对情绪的感受,另一种是对情绪的认知。对于情绪有认知,意味着你能理解自己身上发生了什么,你是抽离的,而对于情绪有强烈的感受,意味着你是陷进去的,很难有多余的心智去处理问题。

感受不到情绪的人和对情绪有清晰认知的人其实都不会痛

苦，会痛苦的只有一类人——对于情绪的感受很强烈，但并不真的了解情绪是什么的人。这也是高内耗人群的特征。对于自己身上发生的一些不好的事情，既不能完全理解，也不知道怎么解决。于是，在遇到这种情况之后，就会产生恐惧、逃避等一系列心理，做出忽视或压制的行为。

所以想要扭转局势，重点在于搞清楚情绪是什么，以及它是怎么在你身上发生作用的和你该如何应对。比如，你刚刚和领导沟通完，觉得特别丧，一点都不想去做事情。你可以静下来仔细分析你身上到底发生了什么。

你先感受一下自己现在有哪些情绪，它们分别是什么，越具体越好。比如，情绪中有领导不认可自己的沮丧，有自己费了半天劲但没有做出什么成效的挫败感，还有自己好像什么都做不好的颓废。

那么，你可以回忆一下刚才对方说了什么，才让你产生了这种感受。比如，他说"你下回办这事之前先问一下 A"，让你感觉是不是自己做得不好，不如 A 能干。

我们接下来分析这话可能有哪些含义。一是可能 A 比你有经验，那就能说明你不如 A 吗？二是可能他之前办过同样的事情。就算这事你办得不如 A 好，那就能说明你什么都做不好吗？三是可能每个人所擅长的不一样，而 A 恰好擅长这件事。

这样层层分析下去，你就会发现，是自己设定了一些隐含的假设，而它们未必是真实的。为什么你会把未必真实的假设当真，是因为你没有建立一个正确的情绪认知模型，你并不熟悉它的运转模式，你只是在隐约地凭借经验并不充足的直觉进行猜测。

所以，你需要开始建立这种思维方式，慢慢去认识和分辨各种情绪。当你和这些情绪越来越熟悉之后，它们就会从"陌生人"逐渐演变为"朋友"。高内耗人群的情绪感知力是非常强的，只要通过科学的方法去分辨和认知其中的情绪，建立自己的一套应对体系，其实是很容易解决这个问题的。

3. 建立稳定正向的情绪感知系统

认知情绪的目的是，在遇到情绪问题时能够合理解决它们，更进一步，是为了减少自己出现各种负向情绪的概率。情绪的各个维度都是由大脑相应的区域来控制的，而人的大脑是可以被塑造的。换句话说，我们的情绪应对模式是可以被改造的，只需要我们把从长期来看对自己有好处的一套正向情绪应对模式灌输进去，习惯之后，我们就能稳定情绪，不受干扰了。

比如，每天记录一件美好的事情。或许是今天看到了特别晴朗的天空，或许是和朋友见面，对方带给你一份有爱的小礼物，或许是上楼坐电梯，别人等了你一下……虽然事情很小，但这种方式能够让你对美好的事情更加敏感，能够引导自己关注更加积极正向的事情。长此以往，你的想法就会变得更加积极正向。

或许刚开始的时候你会觉得这么做很无聊，甚至怀疑这样做是否真的有用。但是日积月累，你就会相信这个事了。这个过程我称之为给自己洗脑。比如，现在我仍然觉得有很多事自己做得不够好，但我能够更积极地看待它了。从"我做得不好，需要改善"到"我已经做得挺好了，但我还能做得更好"。

这两句话描述的事实其实是一样的，但是我的"透视镜"变了，我的情绪变了，后续的精力水平和效能产出也会随之发生变化。何乐而不为呢？

4. 少关注，多影响

史蒂芬·柯维在《高效能人士的七个习惯》中谈到两个概念，一个叫关注圈，另一个叫影响圈。例如，每天看到的新闻，听到的各种信息，是我们的关注圈，而影响圈就是我们能去做哪些改变。比如，我今天写的这点东西，或许有那么一两句话能带给读者一点思考。这就是我能去改变的事。柯维说：要少关注，多影响。看到的东西太多，而能做的太少，就会产生落差，这个落差就叫焦虑。

今天人们之所以很焦虑，是因为看到的东西太多了。前些年，经济发展速度快的时候，有很多创业神话，但是现在不一定能做成了。身边很多职场人，真的都太努力了，也太累了。本来上班压力就很大，业余时间还要读书、上课、健身。最关键的是，好像做了这些都没用。做这些，本来是想缓解焦虑的，结果却更焦虑了。再看看身边的人，好像全世界的人都比自己优秀，还比自己努力，这样的状态持续下去，心态就会崩溃。

我曾经也是这样的，直到我找到了自己的方向。以前的我觉得什么都好像跟我有关，又什么都好像跟我无关。而现在，每件事我都能确切地知道它跟我是否有关，有什么关系。

我看了一个人的课程，我知道我可以学习他的讲课方式，来完善我的课程；我看了一个关于睡眠的小知识，我知道我能把它用在我的精力管理课程中。突然，我感觉我跟这个世界的关系变得明朗了。

现在，我不学习知识，只解决问题。因为信息太多了，我看不过来，也根本学不完，所以我去学了速读。因为事情太多了，我处理不过来，所以我去做精力管理。我做所有事情的初衷都是，解决我自己的问题，然后用成型的方法论去帮助身边有同样问题的人。

佛学有三问：你是谁？你从哪里来？你要到哪里去？问问自己：你的身份和定位是什么，你能提供什么价值；你的理想生活是什么，你的目标是什么。从当前到目标要怎么走，大概几段路。而后从脚下做起，一步一步去完成，踏踏实实抓住当下。

春天总会来，但熬过冬天很难，很多人就倒在了黎明前的最后一刻。消除焦虑的方法是，始终遵循事物发展的客观规律——数据虽会波动，但你始终锚定"认知和能力"这个点。把自己的认知和能力提升上去，早晚都能摘到果子。有了这种预期，你就不会太着急，更能坚持长期主义，更容易做成事和拿到结果。忙，但不乱。烦恼，但未必焦虑。

5.4.3 如何保持行动力？

1. 建立合理预期

为什么很多人做一段时间的自由职业就坚持不下去了，是因为他们的预期不合理。当你开始做一件事情的时候，不妨问一问自己：

第一，做成这件事情需要多久？

比如，有的人预期做一个小红书账号10天就能涨粉1万个，做自由职业的第一个月就能月入六位数。这肯定是不现实的。当你一个月还没有1000个粉丝，甚至赚不到四位数时，你的心态就会崩，你就不想再做事。而如果你的预期是我先发30篇，涨到100个粉丝。先赚到第一桶金，再慢慢往上增加。那这件事就很容易实现和坚持下去。

你需要清晰地知道，做成这件事到底需要多久。如果不知道，那就多给自己一点时间，当你的预期不太高时，往往更容易做成。

第二，做了这件事情会有什么效果？

人的动力分为内部和外部，内部动力虽更加可持续，但我们也需要阶段性的外部动力。有些问题是需要你一开始就想清楚的，比如，自己为什么要做这件事，自己的商业模式是什么。

比如，我之所以一开始坚持每天日更公众号，是因为我很清楚我要做个人IP，需要提升自己的表达能力。它是一个手段，并且这个手段肯定能达成这个目标。所以，提升自己既是个需要有内部动力，又是个从长期来看能达成外部正反馈的事。

再比如，我刚开始坚持日更朋友圈，是因为我很清楚我要通过朋友圈让大家知道我是干什么的。我做的第一个业务是高效读书，就是每天读完一本书，在朋友圈坚持打卡30天，赚到了第一桶金。如果你清晰地知道后面会有什么结果，这件事就会更容易坚持下去。

第三，我自己是怎样的状态和效率？

有个学员和我说：她总觉得自己能量不足，每天过得很颓废，想干事但总是动不起来。我问她：你具体哪些时候会觉得自己颓废呢？她说：比如下班回来，没干正事，玩了半天手机，还有周末一整天什么事都没干。她的话里其实有一个非常重要的隐含假设：下班回来应该继续工作，周末应该干点正事。因为她没干，所以她觉得自己特别颓废。

那怎么解决这个问题呢？通常的做法是——找到方法，提升下班和周末的工作效率，让自己觉得不那么颓废。这个做法的底层逻辑是改变行为。

但其实还有一种方法——改变预期。告诉自己：下班时间就是要休息娱乐的，周末就是要休闲放松的，不需要再干啥正经事。既然不需要干，那也不存在什么颓废不颓废。

她听完，问我：这样岂不是很放纵自己？工作做不完怎么办？我说：你想周末干，你就干得完吗？结果不还是没干吗，反而影响了你周一的工作效率。我问她，"周末应该工作"和"周末应该休闲放松"于你而言有什么区别？

对她来说，从结果来看是没有什么区别的——都是工作没做。但是，如果她觉得"周末应该工作"而实际没有做，会导致她的预期和实际结果不一致。因此，她可能会感到自责、痛苦。最后的结果就是工作也没做，还影响了自己的心情。然后，周一带着"我怎么周末这么颓废"的想法去上班，把周一的工作效率也影响了。反倒不如想着周末好好休息，周一加把劲儿干完工作。

想要解决问题，不管是改变预期还是改变行为，都得先认识到这件事——你的预期和实际结果是不一致的，这种不一致是你痛苦的根源。你想 1 小时做完一项工作，结果 2 小时才做完，你觉得痛苦。你想下班后把剩余的 PPT 写完，结果连电脑都没打开，你觉得痛苦。这都是因为你的预期和实际结果出现了偏差。

那为什么会出现偏差呢？因为你对自己的效率和状态缺乏基本的了解。比如，你可以试着回答下列问题：你一天当中什么时段工作效率最高？你周末一般能有几小时的有效工作或学习？你前一天晚上几点睡觉会严重影响你第二天的状态？你连续工作多久会有特别明显的疲惫感？你做一项经常做的工作，比如，写一篇文章，需要多久？

如果你差不多都能回答出来，说明你对于自己的状态是有比较清晰认知的，那你大概知道：自己晚上回家可能干不了什么有效的事，你周末可能也做不了什么工作。你晚上如果睡得太晚，第二天的状态就会受到影响。这样，你就不会痛苦了。

那如果不能呢？我建议你可以试着去观察一下这些事。有些具体的做法可供你参考：记录自己做一些常见事情的时长，记录自己在一个大时段的效率和精力状况，记录自己会因为哪些事情的发生而显著影响工作效率。等你做一段时间后，下一次出现预期不一致的可能性就会大大降低。

2. 看到破局的希望

人活着就是为了能看到希望。最怕的是，觉得努力没有用了，一切不会变好。在这种预期下，一定什么都不想做，因为做了也没用。但只要能看到新的希望、新的路子，一切就会越来越好。那么，新的希望、新的路子，从哪里来？从新的圈子、新的信息、新的人中来。具体要怎么做呢？

第一，看到可以被模仿的路径。

如果你看到你身边的小王，他和你的情况很像，甚至他的各方面能力都不如你，但是他做成了，你会不会觉得这件事，你也能做成？如果你再发现，小王用的是一些很标准化的技能，成本不高，门槛也不高，你只要学几个月，也能学会，你会不会一下子就燃起希望了呢？

雷军说：99%的问题都有标准答案，找个懂的人问问。如果有人告诉你，A岛上有一箱宝藏，你只要拿到它，你就一生无虞了。你很想要,但是你拿不到。这时,如果有人告诉你,出门右拐 100 米走到××地铁站,然后坐××路地铁到首都机场,坐××航班飞到 A 市,然后坐××路汽车到 A 岛,上岛直走 1000 米找到一棵树,树底下就有宝藏。你现在是不是觉得容易拿到了?

这就像一份地图,只要有了它,你就能到达目的地。你需要的是,清晰地了解别人的每一步是怎么做的,而后构建这个体系。

第二,始终保持有新的信息输入。

做事情最怕的就是没有思路。一旦想不通,想不到,就会停滞。你发现别的博主写了一篇文章火了,你是不是也可以写一篇类似的?你发现别人做了一个课程,卖得挺好,你是不是也可以做一个类似的?看到别人是怎么做的,你就可以通过联想和迁移想到自己要怎么做。

所以,你需要的是扩大自己的信息源。多去看看别人是怎么做的,找对标,加圈子,让自己的思路保持畅通。

第三,对别人祛魅。

整个世界就是个草台班子,大部分人都很普通。普通人做不成事,大部分原因不是能力不行,而是被恐惧吓退了。如今媒体报道的各种神童、大佬太多了,我们会觉得别人都是天赋异禀，思维超群，随随便便就能成功，自己学不来，也做不到，于是便放弃了。

其实那些有光环的人，没有你想象的那么厉害。近距离看过很多人之后，你就会发现，他们也不过如此。

世界并不完美，大部分人都是普通人，有优点也有缺点。连成功者都做不到的事情，就不要用完美主义来苛求自己了。让你自卑的那些缺点，很可能一点都不影响你成功。你需要做的是打造任意一个专长，就足够了。

大佬们成功自然有他们的原因，你会发现他们最大的优势就是，胆子大、敢干，执行力超强、不内耗，再加上在一些重要点位上持之以恒地学习精进。对于这些，普通人通过学习和努力一样能做到。

以前觉得大厂的人都可厉害了，后来进去后发现，很多拿着七八十万元年薪的人，干的活并没什么技术含量。看着很厉害的人，一点都不像想象的沉稳成熟，胸有成竹。

大部分行业都是这样的。别过度仰望大佬，也别对某些头衔过于执着。大家都是普通人，先祛魅，再成为他们。别人能做到的事，你也能。

5.5 时间管理：时间自由的人，更难管理时间

5.5.1 职场人士如何抽出时间做副业？

很多人都会说，工作太忙，没有时间搞副业。以我自己的经历和带学员的经验来看，有几点是比较适合职场人士的。

1. 利用好早上的时间

千万不要寄希望于自己下班后能做一堆事，这是时间管理失败的罪魁祸首。做副业最容易成功的，就是能利用好早上的人。早上工作要比晚上工作高效很多。工作一天，内耗一天，下班回到家是很难有精力干别的事情的。

我当时就是每天早一点起床，先搞 2 小时副业，然后去上班。每天在公司把事情全部解决完，下班回来啥也不干，倒头就睡。

2. 上班耗时间，不如摸个鱼

早上醒来，晃晃悠悠的工夫，你能不能写个课程大纲？午休的时候，大家都在刷手机，你能不能写篇朋友圈？晚上下班，大家都走了，你利用打车的时间，能不能做个产品海报？

你还可以学着做联动，即把上班的事情变成内容素材，或者你在开一些无效会议的时候，大脑中可以去想一想你要做

什么。

上班其实有太多无效的时间。与其干耗着，与其抱怨公司和老板，不如化悲愤为动力，浇灌自由职业的土壤。最重要的是，你大脑中有没有这根弦。

3. 周末和节假日是大块时间，一定要利用好

周末和节假日是职场人士难得的大块时间。你最大的阻力是自己的懒惰。既然已经决定要离开公司做自由职业，在过渡期你一定要做好多付出的准备。你这是在给自己打工。少玩点，多干点，过不了一两年，你就可以不用上这个班了。

这种情况下，我建议大家找个好多人都在搞自由职业的环境，仅靠自己的意志力去坚持太难了，但待在某个环境里，就不难了。

4. 下班回家修修补补

这是大多数人选择的做副业的时间，不过它实在不是一个好的选择。一天的精力被工作抽干，已经所剩无几了。但是，如果上述几条你实在做不到，你就先利用下班时间吧，动了总比不动强。

5.5.2 做自由职业，该怎么安排时间？

对我自己来说，做了自由职业之后，我的时间管理模式

和以前有很大的不同。以前上班的时候，时间管理属于填空题。比如，我今天有10个时间段可用，每个时间段都要填入一个事项。那时候，我会用分钟去把握自己的时间，把一天安排得满满当当。但现在更多的是围绕整块事，去做所有的安排和计划。

现在的时间管理属于解答题。我有一个问题要解决，我要奔着怎么解决这个问题去。尽可能地写出更标准的答案，以取得更高的分数。有的题可能简单熟练，花不了多少时间就搞定了。有的题可能很复杂，要想很久，要做很多事情，才能拿到结果。

我最关注的是，我现在要做成什么事。我会围绕着这个主线，来安排自己的时间。比如，我要举办个活动，那么我就需要安排时间，需要设计主题和流程，需要安排嘉宾和工作人员，需要组织报名，做宣传，写内容，等等。每一个环节，可能又有很多具体的事情。比如，去做用户调研，看看他们喜欢什么，然后确定主题和流程。又比如，去看选题和对标，研究一下要怎么做，才能吸引更多的参与者。每一件事情，倒推时间，给自己定一个时间节点，然后一件一件去完成。

做了自由职业之后，我的规划里也没有专门留出看书、找选题之类的日程，也没有以前那种机械式的每天复盘和规划。当我要写东西、做课程或者需要素材的时候，我就去看书，找资料，找对标。它们不再是零散单独的任务，而是围绕着主线存在的。

对自由职业者来说，能做的事情太多，选项也太多。比起做得更好、更快，更重要的是，你选择做什么。比如，主线是什么？模式是什么？你要怎么干？这些是更值得花精力和时间去做的事情。

你每天仍然做很多事，但不同的是，每天都很踏实。每天都有新的烦恼和问题，但每天都很充实而幸福。

5.5.3 时间切片法，有效改善忙乱，有序高效工作

我经常听到身边的朋友和我讲：感觉自己每天忙忙叨叨的，一会儿开个会，一会儿接个电话，一会儿写个材料。好多事要做，恨不得自己长 8 只手。

我自己就属于常年手上多条线并行的状态，以前我也觉得非常痛苦和混乱，但慢慢地，我知道了怎么掌控节奏，怎么让事情有序进行，合理安排时间。

比如，这是我 1 月份某一周的安排：

战略规划（大约花费 20 小时）

① 落地合伙人的专栏 SOP 和朋友圈文案 SOP

② 合伙人社群大赛明细产出与启动

③ 小红书的生产流程 & 合伙人共创交付机制的持续优化和完善

④ 合伙人涨价宣发策略启动

⑤ 了解清楚老合伙人的赛道小群和交付形式

⑥ 了解清楚后面社群的承载形式，并同步给大家

交付 & 内容 & 转化（大约花费 35 小时）

① 新个体复盘规划行动营 & 自由职业围观群

② 新个体合伙人的日常沟通 + 方案出具 + 指导反馈

③ 26 篇自由职业指南大全，共计 23000 字

④ 7 篇自由职业相关的公众号内容、20 多条朋友圈、小红书持续推进

⑤ 日常加人、找客户

看起来事情也不少，如何能够并行处理好这些事情呢？今天就给大家介绍一下我的应对方法——"时间切片法"。

为什么我们会有"混乱""忙叨"这种感觉？本质上这是我们的大脑在报警：我的内存不够了，赶紧清理。"翻译"过来就是：事情太多了，我没有多余的脑容量或者心力来思考问题和做事情了。但是，真的是事情太多了吗？不一定。

当我们在收拾旅行箱的时候，可能会有两种方式：第一种

是需要什么就往里塞，这样很快箱子就放不下了。第二种是分门别类，按照大小和形状顺序装入，同样多的东西不仅能放进去了，箱子里还有很大的空间。

同理，感到忙碌和感到充实的人做的可能是同样的事情，但他们之间最大的区别在于有没有节奏感。比如，同样是一天完成 ABCDE 五件事，"我知道上午做完 A，下午做完 BC，晚上做完 DE"和"我先上手开始做 A，慢慢往下做，但一直想着还有四件事要做"，就大不相同。

那么，什么是时间切片法呢？所谓"时间切片"，就是通过一些特定的标准来给时间做切分，一部分时间做 A，一部分时间做 B，虽然很多事情同时在运行，但是能够保证有条不紊。

下面我给大家介绍几个切分标准。

第一种，以固定事项来做切分。

对一个自然日来说，吃饭和睡觉就是最自然的切分标准。你可以把每天分成几段，某段时间固定做一些事情。比如，你可以用上午的时间来处理一些琐事，如回邮件和清理待办事项；用下午的时间来处理一些沟通事项，如开会和打电话；用晚上的时间来处理一些需要深思的事情，如写文案和材料。

利用这种固定事项做切分,你就不会忘记,因为时间固定,好把控,也不会产生额外的干扰。如果中途有一些突发事件插入,不着急的话,就留到第二天的相应时段再处理。如果这类事情很多,你也可以在每个大时间段结束后,专门再用一个小时间段来处理这些事情。

第二种,以特定节律来做切分。

大自然和人体都有自然的节律。我们的所有工作和事务也都有节奏。这就可以成为我们的切分标准。比如,工作日努力工作,周末和节假日陪家人、见朋友,这是一种切分标准。又比如,年初定计划,年中努力冲刺,年底成交,同时给自己策划一次出游,做一个大的休整,这也是一种切分标准。

不同的时间段、不同的环境,自己的状态也不同。利用这种自然规律来做切分,会更加容易实现。

第三种,以目标达成来做切分。

我是如何把上文中提到的1月份的那周时间分开去做事的?我先给自己定了几个节点。有些是外部有要求,就像我和用户有约定一样,我要在某天给对方做咨询,那我自然要在这之前把准备工作做完。

还有一些是自己给自己切分的时间。比如,我觉得1月10日之前要完成大赛明细产出,这样后面的时间比较富余。

以此类推，我会大致把我的时间分成一些目标切片，帮助我掌控全局。

5.5.4 有效复盘，提升工作效率

1. 用复盘改进业务

对自由职业者而言，有效复盘很重要。有效复盘和无效复盘的区别在于，有没有找到失败的原因。以我做一条短视频为例。

无效复盘的做法：我发了一条视频，总结我做了些什么，数据怎么样，效果好不好。总结后，我也思考了，得到了一些结论，可能也有用，但没有找到真正的原因。

有效复盘的做法：我发了一条视频，发现数据不好。于是，我将它和其他视频进行对比，分析每一块做得如何，得出总结，有可能是时长太长、标题起得不好等原因导致，因为其他类似的视频效果很好，只是时长较短、标题的风格不一样。在此基础上，我思考有哪些可能的改进方案，并进行内容调整，再次发布，验证假设。

有效复盘的重点是有明确的结论和有效的下一步指导。二者有啥区别？无效复盘是一种陈述性的事实描述，而有效复盘是有目的性的效果分析。

在这几年的实践中，我又做了一些优化。我一定要等结果出来再做分析吗？能不能主动把分析步骤前置呢？比如，同样是拍视频，还可以有更优的做法。

更优的做法：我先收集可能会影响视频效果的因素，比如，构图、选题、标题、时长等。我发两条视频，一条是横拍的，一条是竖拍的，内容类似，发布时间也类似。如果通过数据分析，我得出横拍的效果好，那么这条就过了，继续提出新的假设，下次再发两条视频去验证。

这种复盘的底层逻辑本质上是主动验证假设，把复盘作为整个系统的一环。

2. 用复盘做 IP 影响力

复盘时，只能站在自己的角度看问题吗？能不能代入其他人的视角呢？之前，我在社群组织过财富人生游戏，现场有 6 个玩家，我经常会代入其他玩家的视角，有时还会代入主持人的视角来思考问题。

比如，A 拿到了什么样的结果？他输或赢的原因是什么？是哪些关键步骤导致的？A 的关键决策是如何做的，他为什么这样做？如果我处于这种情况下，我会怎么做？还有没有其他可能的方案？我也会用这些思考去问在场的其他玩家，和别人探讨，丰富我的理解。你看，相当于我玩一场，玩了 6 个角色，自然我的进步会更快一点。

还有，复盘只对事情好坏起作用吗？它能不能有更大的作用呢？复盘用好了，是混圈子的利器。复盘不一定被要求了才做。活动结束了，你主动做个复盘，帮助大家记录情况，分析问题，领导肯定也会高看你一眼。复盘不一定按要求去做。格式给好了，要点列出了，但不妨再做些额外的工作，分析得更多一点，思考得更深刻一点，呈现得更清楚一点，你就是全场的焦点。

复盘的本质是思考谁需要这些东西，他们分别需要什么，然后在复盘中去呈现。

仍然拿我玩的那场游戏举例，有五种人可能会需要我的复盘。

第一种是我自己。我的诉求是更好地了解自己做每个决策背后的逻辑，发现问题，改善自己的决策。

第二种是同场的其他玩家。他们的诉求和我类似，所以我会多观察他们的决策，给他们提供一些外部视角和建议，帮助他们改善决策。

第三种是主持人。他的诉求可能是了解在场玩家的想法、提升组织能力或影响力。所以，我会尽可能地给出一些反馈，去阐述自己的想法，方便他去做对比，我也会记录对方的一些需求。

第四种是主办方。作为组织者，他们想要的无非是参与者积极活跃、体验良好和更多传播。当你复盘的那一刻，就是在满足他们的诉求。

第五种是没有参与的人。他们或许想了解这个游戏是怎么玩的，或许想提升自己的财商。所以，我可以在复盘中简单介绍一下玩法，也可以用切身感受告诉他们如何用它提升财商。

记住，能满足越多人的需求，你的价值就越大。

3. 用复盘指导选择

复盘还有一个作用，就是自我完善，让自己成为想成为的样子。于是，我把给自己定的目标，还有长期的愿景写出来，提炼了几个要点，作为每天复盘的对照标准，分析自己哪里做得好，哪里做得不好，怎么做更符合这个标准。

过了一段时间，回头再看，我就能明显感受到自己进步了。有些事情，刚开始时会遇到瓶颈，没什么突破。这时，你可以调动感性脑来做抽离，找到一个自己想成为的人或者形象，想象着他如果面临这个场景，会怎么做。

在不断自我复盘的过程中，我发现自己对事情的敏锐度越来越高。大多时候，我的大脑会应激式地完成复盘，在一瞬间想到改进措施，只有少数复杂场景才需要落笔写下。

第6章 自由职业的终极目标是实现幸福美满的自由人生

很多时候,我们在商业世界里苦苦挣扎,为了多赚钱,导致身体和心理健康受损。想一想,做自由职业是为了什么?我认为,获得幸福美满的自由人生,才是我们的最终目的。不要因为走得太远,而忘记了为何出发。这一章,我来和大家讲讲,如何在兼顾工作效率的情况下,让自己拥有更好的人生状态。

6.1 财务自由：构建可以自行运转的商业模式

6.1.1 若不能标准化，就无法扩大规模

在自由职业的初期阶段，大多数人都是摸着石头过河的。如果你想用标准化、体系化处理问题，失败得更快。但是，当你的业务发展到一定阶段时，就一定要考虑如何能够实现标准化、体系化。

举个例子。我在做私域转化时有一个非常微小的环节：第一次加好友。通常也就几个动作，通过好友申请，打一个标签，发送自我介绍，说几句话。需要多长时间呢？正常来说，一个人也就两三分钟，不费什么劲儿。

如果你一个月也加不了几个好友，但你非要做一个标准化流程，那就属于吃饱了撑的，有这时间不如多去加几个人。没

有一定的数量，费力做出来的标准化流程，纯属耽误时间，又派不上用场。

但是，如果你一天加1000个好友呢？还能这么简单处理吗？我们之前做发售的时候，就遇到过这个问题。当4000多个好友两三天内加进来的时候，我整个人都傻了。不眠不休地持续操作几小时，仍然赶不上新好友申请添加的速度。

不光体力跟不上，还会有各种各样的问题，如果有需要回复和单独处理的，时间就更长了。那时，我一整天都在不停地看消息。

这时候，你想不被累死，必须更换模式，做标准化、体系化处理。你可以制定一个回复规则，而后让助理来处理。

很多人觉得，别人做得没有自己做得好，但这也是没有办法的事情，能用的人好好培养，将会对自己大有裨益。

当你有了标准化处理方案的时候，你才能把自己的精力释放出来。你可以招100个人来做这件事情，只要他们稍微学习一下方案就可以了。

我总结了一套标准化的商业模式，如图6-1所示。

```
标准化的商业模式
├── 流量端
│   ├── 私域裂变：低单价引流品
│   │   ├── 小报童
│   │   ├── 体验课
│   │   ├── 试用装
│   │   ├── 小样
│   │   └── ……
│   └── 公域获客：内容+钩子
│       ├── 资料包
│       ├── 交流群
│       ├── 赠品
│       ├── 咨询答疑
│       └── ……
├── 转化端
│   ├── 集中成交
│   │   ├── 群发售
│   │   ├── 联盟直播
│   │   ├── 线下宣讲会
│   │   └── ……
│   └── 日常经营
│       ├── 朋友圈种草
│       ├── 社群抽奖/晒单
│       ├── 标准化私聊谈单
│       └── ……
└── 产品端
    ├── 规模化生产中客单价产品
    └── 打造高客单价产品
```

图 6-1 标准化的商业模式

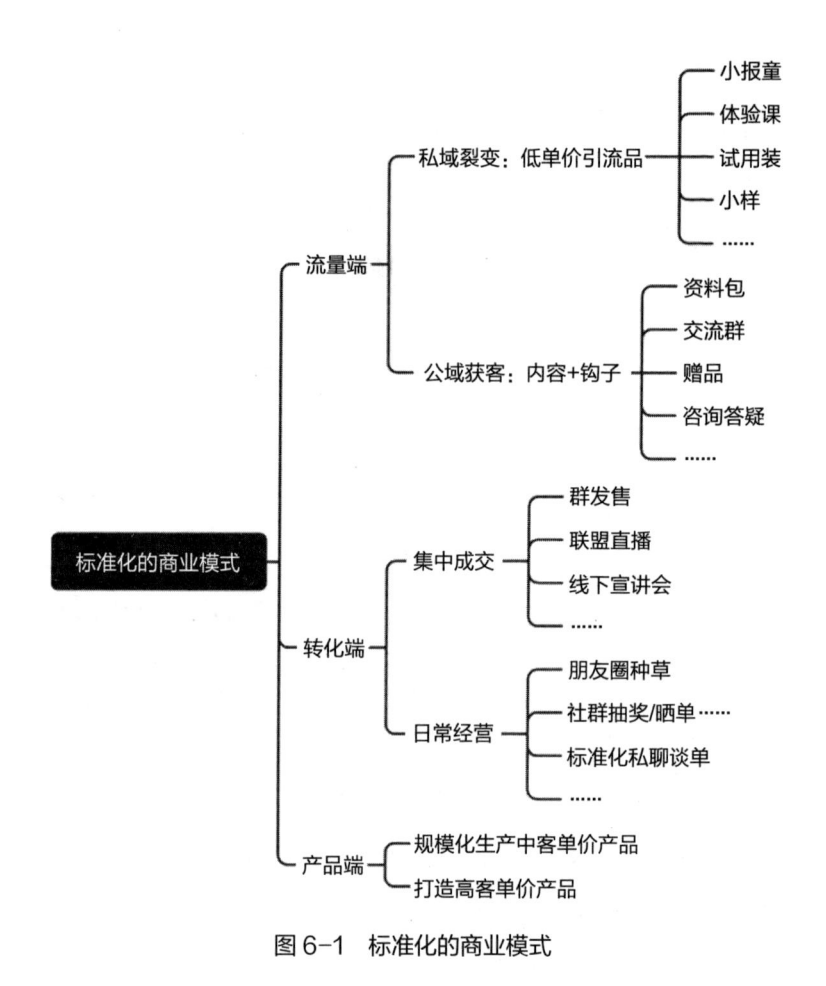

6.1.2 舍得舍得，不舍不得

很多人赚了不少钱，但还是什么事都要自己干，这是要累死自己的节奏。站在用人的角度上，他们觉得这些事情我也能干，为什么要花钱让别人干？

其实，人总是会高估自己的付出而低估别人的付出。如果，让你和你的合伙人分别对自己的贡献打分，满分10分。那么，大概率你们给自己打的分数之和会超过10分。每项工作都不容易，背后有很多别人看不到的辛苦。可能你觉得对方就发了几篇笔记，没花多少时间。但是背后找选题、策划，花了很多时间。所以不能太计较。

对于一个自由职业者，评估要不要花钱，以及把钱花在哪里，方法很简单。你可以问自己3个问题：

第一，我的机会成本是多少？比如，做一个视频剪辑你自己也能做，但是你的时间才是最值钱的，它若花在了这里，就无法花在其他地方。如果你把这个工作外包出去，去做自己擅长的事情，你是否能创造更大的价值？如果能，花钱找人做就是值得的。

第二，做这件事我是否有核心优势？比如做运营，你也可以做得很好，但是它不是你的核心优势，你更大的优势在于写内容。那么，你就应该把运营这项工作分出去，自己全心专注于做内容，这样你的优势才能发挥到最大。

第三，我是否有足够的心力？做自由职业，心力是极其宝贵的，一定不能让自己每天被很多事情填满，没有余力来思考。一个决策做错了，浪费的时间和金钱成本远远大于花钱让别人去做。如果你每天的工作安排已经很满了，一定要尽快找人替你分担。而如果你目前还没什么业务量，就不要想着花钱招人的事情了，先抓紧时间发展业务。

所以，对一个自由职业者来说，如果要招人，首先要招的应该是助理，让他帮你解决大部分琐碎的事情。一个助理只须细致踏实就能完成任务，要求不是很高，因此不难找到。其次要招的是业务人员，比如做交付、做运营，具体看工作性质，他主要承担你花时间较多且不那么擅长的工作。再往后，考虑每个环节招相应的人来逐步解放你的双手。

花钱的时候不能不舍得，但千万不要走入另一个极端，一下子招很多人，想要把所有的事情都分配出去。培养人才需要时间，提升自己的管理能力也需要时间，一口吃个胖子很容易增加成本，使事情走向不可控的地步。

6.1.3 用80%的精力选人，用20%的精力带人

招的人很重要，那么怎么能够招到好的合作伙伴，又怎么能够留住他们呢？我自己的工作人员，基本上都跟了我两年以上，他们的产出都很棒，而且在跟我之后都有显著成长。这里，我给大家讲3个特别重要的原则。

1. 不够好，就是不好

好的人才，是培养出来的吗？只有20%是培养出来的，80%都是筛选出来的。千万不要因为着急就随便招一个人凑合用。如果你花了很多的精力选到了一个很不错的人才，那么这个人大概率不太需要你费力去带，点拨、指导一下就好了。但如果对方基本素质不行，每个地方都需要你花大量的时间去沟通和培养，那么你要花的时间可不是一星半点儿。

同理，当你招了一个人，你觉得对方有些地方干得还行，但是有些地方又不太行，要不要留？不要犹豫，不要留。不够好，就是不好。

2. 带团队，最重要的是打胜仗

怎么激励团队，让人愿意留下来为你所用？最好的激励就是带团队打胜仗。对小团队来说，讲再多的企业文化、价值观，都没有用，靠的是身体力行做出成绩。

如果你自己一直在快速成长，一直能够打胜仗，别人自然愿意跟着你。过去几年，为什么好的人才大量涌入互联网企业？因为互联网的发展速度快、机会多。在一个快速成长的平台上，即使付出很少的努力也能有很大的收获。但如果是在一个发展缓慢的平台，你的努力抵不过平台的滑落。

3. 关注特质，给足空间

每个人都有自己擅长和不擅长的事情，再优秀的人才放错了地方也是庸才。在人才的培养上，一定要关注对方做什么事情做得更顺手、更适合，而不是强行按照业务需要来改变对方的特质。

选好了人，选准了位置，剩下的就是给足够的空间，放手让对方自己去做。犯错也好，搞砸也好，都是他成长的必经之路。切勿事必躬亲，为了有好的结果而错过让对方成长的机会。团队的领导者做得越多，团队越发展不起来。

6.2　内心富足：你的金钱观，投射了你的内心

如果你已经赚到了不少钱，生活日常开销早已能够满足，你对花钱是什么态度呢？我在日常生活中是十分节俭的，能省则省。越是自己创业的人，花钱往往就越抠门。因为他们知道，赚钱不容易。

然而，人的精力是有限的，当你花费很多的精力关注什么能省钱的时候，你关注什么能赚钱的精力就会减少。

当你总是关注哪里能节省一点的时候，整个人的状态都是

紧绷的。你会紧紧握住手里的钱，不让它流向别处。然而，钱就像沙子，握得越紧越容易流失，相反地，让它们流动起来，反而会带来更多的钱。

当我和别人谈合作的时候，如果我总是抱着资源匮乏、零和博弈的心态，那么我一定会尽可能让别人少获益，来增加自己的收益。长此以往，我就无法和任何人合作了。实际上，大家可以合作共赢，共同开拓市场，去获得更大的收益。

当我和身边人一起工作的时候，如果我是这样的心态，那么就会导致我的人际关系出现问题。实际上，你对别人大方，会有非常多的好处。只有让金钱流向别人，它才能给你带来更多的收益。

把所有的花钱当作投资。给合作伙伴分钱，购买更好的设备和产品，算是给事业投资。给自己买更舒适的体验、更有价值的学习资源，也算是给自己的长期投资。这是一种对自己的信任。这样，心态就会变得更好，生活与事业也会更加顺利。

6.3 人际关系：做自由职业，并不是要与世隔绝

6.3.1 别光闷头干，要建立自己的学习和支持系统

在职场，会有晋升体系、成长路径，也会有导师、领导给你带路。但做自由职业，需要自己去寻找这些，以保证自己不会掉队。你需要建立自己的支撑系统，在情绪低落的时候，让你振作精神，不至于就此消沉下去。不要盲目相信自己，也不要刻意为难自己。这套系统一定能让你走得更顺利。

1. 一个导师或者顾问

当你焦虑迷茫不知道要走向何方的时候，他可以给你指路。当你沮丧、行动力不够的时候，他可以跟踪一下你的进展。当你有问题的时候，有人可以询问会让你觉得非常踏实。

2. 高质量的信息源

底层逻辑、行业信息、商业信息、政策信息、内部信息等，你一定要有地方获取这几类信息，在低头干活的时候，也要偶尔抬头看天。书籍可以获取一部分信息，但更多的有用信息一定是来源于人脉和圈子的。学习新技术、新玩法，精进自己的技能，都是必需的。你不需要天天关注这些信息，但是你要保证定期去看一看，并且重要的事情你一定要有获取渠道。

3. 同行者的圈子

顺流而下永远比逆流而上简单。不上班是一种非主流选择，身边的人可能会质疑你，非议你。因此，你需要找到一个地方，在那里，你们能交流，能互相理解，能共同成长和进步。同行者不光能给你带来行业信息，还能带来很大的精神力量。

4. 能给你带来快乐的朋友

你要有一群能在你心情不好时一起出去玩的朋友，一群能互相倾听和陪伴的朋友。做自由职业很需要心力，因此，你要有办法能给自己充电。

6.3.2 别让"独立思考"坏了你的贵人缘

普通人的成长，少不了要贵人相助。但有些人总能千方百计地破坏自己的贵人缘，把身边人都得罪光。完事还浑然不觉，只觉得自己运气不好。这类人大抵有个不好的习惯，听完别人的意见，总要说个"但是"。

尤其对那些曾经取得过一点成绩的人来说，更容易觉得自己要"独立思考"。"你说的话有道理的，但是我觉得不适合我。""你说得挺对的，但是我不想做。""你说得挺好的，但是我觉得那个更好。"……如果你习惯这么说话，那么下次别人一定不会再给你建议。

你可能觉得挺得意。我没有盲从大佬的意见，我在独立思考。或者觉得挺委屈，难道大佬的意见我就不能反驳吗？我就不能提出我自己的看法吗？

不，这是个完全的误解。不是因为对方是大佬，你不能反驳，也不是你不能独立思考，而是你压根就不想听对方的意见或建议，你就想坚持自己的想法。这种情况下，你其实根本没有问别人的必要。因为无论对方说什么，你都会坚持你自己的想法。既然你已经有明确的想法了，又何必要问别人呢？对于真正有价值的意见，一定要听话照做。毕竟，我们不能给出一个比我们强 10 倍的人、经验丰富 10 倍的人更好的建议。因此，你要把判断和思考放在前面，放在筛选对象上，判断对方到底是不是个值得听的人。一旦判断好了，那就好好听。

我认为，相信是一种能力。学会放下自己的傲慢和过往成绩，才能拥有随时清空自己继续前行的能力。

6.3.3 从竞争对手到同盟

我经常听到有人说，市面上很多人都在和自己做着同一个领域，感到竞争压力大，很焦虑。我也经常看到圈子里有人互相敌对，背后贬损别人。很多职场人士做自由职业后，也会有很严重的竞争压力。身边人如果很厉害，超过了你，你就会非常难受。甚至有时候，看到别人取得了一点成绩，你就会开始焦虑。其实这都是过往经历造成的。

上学时，总会有成绩排名。老师会格外关注排名靠前的同学，家长也会要求你上进，同学们也都会把羡慕的目光投向佼佼者。但排名靠前的人永远是少数的。如果你想上去，就势必要把别人拉下来。到了职场，每年要出业绩，晋升也要有排名。你的同事，都是你的竞争对手。

学校和职场都是独木桥，是零和游戏。别人的成绩和利益，会直接损害你的成绩和利益，但这些都是暂时的，你不会一辈子待在一个学校，你也不会一辈子都和同一帮人共事。

高中三年和同桌争第一，争得你死我活。高考的时候你就会发现，同班同学根本妨碍不着你，因为这个世界太大了。如果你们之前互帮互利，说不定都能考个更好的大学。在职场的时候和同事争项目、争资源，离职后发现，同事才是最好的资源和伙伴，你们可以抱团取暖，共创未来。

商业世界更是如此。没有任何两个人的业务可以真的完全一样。与其把精力放在别人是不是妨碍我上面，不如好好看看有哪些可以大家共创的。不要总去比较谁赚的钱多，只要自己是向着更好的方向走就好了。

比如，你做个人成长方向，别人也做个人成长方向，你们之间就是竞争关系吗？很可能你们做个人成长方向的细分领域完全不同，你做表达，他做内容，若人群相同，产品恰好互补，这时你们可以一起携手，效果更好。

就算你们做的是相同的业务，都是做表达的。但是，你们的风格不同，也必然会导致吸引的客户不同。有时候，你的粉丝看了你很久都不买单，那不妨就流动给别人，让他们去成交。他那边也如此操作，这样一来双方就是共赢的。

商业的道路长得很，人生之路更是长得很。不要为了眼前的一点利益，轻易破坏长期的关系。说不定，过两年你不做这个赛道了，但是好的关系，仍然可以助力你起飞。

6.4　身体健康：人拼到最后，拼的是健康

做自由职业，最后拼的是什么？大道至简，最后拼的是健康。我身边见过不少的例子，年轻的时候特别拼，天天熬夜，直到某一天身体不行了，一下子干不了了，不得不停下之前的事业。

人生是一场马拉松，开始阶段谁跑得更快都是暂时的，看的还是最后谁能跑得更远。哪怕你每天往前走 1 步，但是你一

直在走，走了10年，也比每天跑5步，但是1年就跑不动了，要强太多。

这里，我给大家介绍3个非常好用的小技巧。

1. 把早上的时间填满

想早睡早起做不到怎么办？最好的方法就是给早上安排一些不得不做的事情，逼自己早起。比如，把开会时间安排在早上。又比如，下午要给客户交一份材料，让自己不得不早上起来把它做完。

2. 选择愉悦的运动方式

生命在于运动，但是坚持运动太难了。一提到运动，很多人就愁眉苦脸。其实，我们完全可以通过合适的运动方式，来降低坚持运动的难度。

比如，对很多自由职业者来说，平常压力大。像拳击这类能够释放压力的运动就会非常适合，比跑步之类更容易坚持。又比如，如果你是那种很容易沮丧的类型，那么像跳舞这类有欢快节奏的运动类型，就会比跳绳更能吸引你。

3. 加入社群，营造环境

你要做好自由职业，就需要加入自由职业的社群，每天看到大家都在努力，你都不好意思不努力。想让自己多关注健康，多运动，也是同样的道理。让自己加入一些运动社群，看到别人都在健身,你总会被拉着多动一动。

你还可以去找业务社群中的运动社群。比如,企业家的爬山活动、自由职业社群的羽毛球活动。你也可以自己组织一场运动。这样,运动和交流两不误。

6.5 价值实现:持续做事情,就是最大的意义

做自由职业,最终是为了什么?我觉得自由职业做到一定程度,不是为了赚钱,而是想要实现自己心中的某些愿望。

做自由职业的路上永远会有很多的声音。但真正重要的是,你想要做什么,你知道自己在做什么。别人理解与否不重要,你自己一定要知道自己在做什么。只有这样,你才能不被干扰,才能真正做到自洽。

比如,我之前为了做自由职业,每天更新公众号,坚持了1000天。你问我这么费劲有什么意义,说实在的,没有意义。但你说生命又有什么意义呢?也没有意义。所谓意义,不过是人自己赋予的罢了。

但我并不因此觉得随随便便过过就好。相反,我们更要奋力去创造属于自己的精彩,多活出点什么,多体验点什么。否

则，这一生岂不白活了？既然最终都一样，我们也没有什么好失去、好害怕的，尽兴活在当下就好。

比如日更1000天，做一个付费专栏，帮助很多职场人士实现自由职业，等等。我觉得都是我给自己的人生创造的履历，自己给自己书写的浓墨重彩的一笔。

很多人说我做不到。其实，很多时候不是做不到，只是因为觉得没有意义，而不去做。可人生就是这样的。很多事情，不是先知道有什么意义才去做的。有时候，是在做的过程中去发掘意义，创造意义。也有时候，就是想创造一个意义，而后才去做一件事情。

就像你给自己立一个"大旗"——你要登上珠穆朗玛峰。登上了又怎么样呢？有什么意义呢？人生会突然变得截然不同吗？我想，应该不会。登上珠穆朗玛峰，会让你觉得自己很棒，会让你的这段人生经历更精彩。这就是意义，是你自己创造的意义。

当你回头看的时候，你会觉得无悔，觉得一切心满意足。很多人回望自己的一生，觉得自己虚度了光阴，什么都没做。

当我回望这一年做了什么的时候，总是有所获得。至少，我写了365篇文章。至少，我帮助了很多人，也找到了自我。

这就是我想做的事情。持续做事情，持续帮助别人，持续创造价值。这就是意义本身。我的每一天，都过得非常充实而有意义。